노년을 위한 성경의 파노라마

말씀 청춘

노년부
성경공부
Ⅲ-1

JN442662

대한예수교장로회총회 교육자원부 편

한국장로교출판사

노년을 위한 교육목회 시리즈 (Ⅲ-1)

말씀 청춘

초판인쇄 2020년 1월 10일
초판발행 2020년 1월 20일

편집인 대한예수교장로회총회교육자원부
총무 김치성
주소 03128 / 서울특별시 종로구 대학로 3길 29 한국교회100주년기념관
전화 (02) 741-4356 / (F) 741-3477
홈페이지 www.edupck.net

발행인 채형욱
발행소 한국장로교출판사
주소 03129 / 서울 종로구 대학로 19, 409(연지동, 한국기독교회관)
전화 (02) 741-4381 / (F) 741-7886
영업국 (031) 944-4340 / (F) 944-2623
등록 No. 1-84(1951. 8. 3.)

감 수	류영모	요 목	홍정근
말씀청춘 전체 집필자	강두성 강무순 권용근 김승민 김승학 김후식 문은희 민경운 박미경 손병렬 신동설 안재평 오창우 윤여민 이선재 이성희 이언구 이진원 이희수 정영택 정해우 조용선 조재호 조혜민 한 택 홍정근 황해국		
전체기획	이진원, 강푸름		
출판편집	원지현, 이우진	표지 · 본문 디자인	최준호

머리말

노년을 대상으로 한 성경공부 교재인 "말씀청춘" 시리즈를 출판하게 됨을 하나님 앞에 감사드린다.

지금까지 많은 이들이 교회학교를 영아부부터 청년부까지만이라고 오해하는 경우가 종종 있어 왔지만 실제로 교회학교는 모든 연령대를 포함하는 교회의 교육목회를 담당하여 왔다. 더군다나 100세 시대인 요즘 교회학교는 장년부와 노년부를 포함하여 모든 연령대를 교회학교의 범주에 편입시키고 있다. 이런 면에서 노년부 성경공부 교재인 "말씀청춘" 시리즈의 출간은 교회학교 내에 노년부가 신앙적으로 건강하게 운영되도록 돕게 될 것이다.

우리 총회는 노년부 교재를 다양하게 계속해서 개발하였다. "하늘향기" 시리즈와 "하늘잔치" 시리즈가 그 대표적인 교재들이다. 그리고 이번에 성경의 파노라마로 펼쳐지는 "말씀청춘" 시리즈가 새롭게 출간되고 있다.

교재가 나오기까지 수고하여 주신 분들에게 감사드린다. 성경의 파노라마 감수와 요목을 위해 수고 해주신 류영모 목사와 홍정근 목사께 감사드리며 바쁘신 가운데도 좋은 글로 함께 해주신 집필자 여러분들께도 깊은 감사를 드린다. 본 교재가 나오기까지 전체 기획과 편집을 위해 수고하신 총회교육자원부 실장 이진원 목사와 강푸름 목사 그리고 한국장로교출판사 사장 채형욱 목사와 직원 여러분에게도 감사를 드린다.

2019년 11월

총회교육자원부 총무

김치성 목사

말씀청춘 둘러보기

둘러보기1. 어떻게 구성되었나요?

노년기의 관점에서 신구약 성경 전체를 구속사적 흐름을 따라 바라볼 수 있도록 학기당 20과씩 총 120과로 진행되어 말씀 안에서 지속적인 신앙성장에 도움이 되도록 했습니다.

각 과는 네 단계의 과정으로 되어 있고 30분~40분 동안 진행할 수 있습니다. 각 과는 "오늘의 믿음 구호"를 외치고 오늘의 말씀을 읽고 함께 찬송을 부르며 시작합니다. 구성은 다음과 같습니다.

1. 생각으로의 초대 예화를 통해 자신의 삶을 돌아보고 마음을 엽니다.
2. 말씀으로의 초대 말씀 속에서 하나님의 뜻을 발견합니다.
3. 삶으로의 초대 말씀을 우리의 삶에 적용하고 실천할 수 있는 활동을 함께 나눕니다.
4. 기도로 아뢰기와 주기도 깨달은 말씀을 마음에 새기며 하나님의 도우심을 구합니다.

둘러보기2. 어떤 내용을 다룰까요?

노년부 교재라는 특성을 고려하여 아래와 같은 내용을 선정하여 다루고 있습니다.

1. 성경 전체를 구속사의 관점에서 바라볼 수 있도록 하였습니다.
2. 성경의 연대기를 반영하여 쉽게 이해하도록 하였습니다.
3. 성경인물의 이야기와 삶을 다양하게 반영하였습니다.
4. 삶의 지혜를 담고 있는 본문을 중심으로 합니다.
5. 전반기는 사순절과 부활절, 후반기는 추수감사절과 성탄절 절기를 반영하였습니다.

둘러보기3. 어떻게 활용할까요?

본 교재는 실제 삶의 예화를 통해 서로 진솔하게 이야기를 나누고, 성경을 통하여 우리의 모습을 성찰하고 결단하여 깨달은 내용을 실천할 수 있도록 쓰였습니다. 각 교회의 사정에 따라 효율적으로 활용할 수 있는 다양한 방법을 다음과 같이 제안합니다.

1. 소그룹으로 나누어 진행해요.

※ 5－7명이 한 개의 소그룹을 이루면 가장 좋습니다.

※ 서로 비슷한 연령대의 사람들을 같은 소그룹에 편성해 주면 서로 공감대를 형성하는 데 도움이 됩니다.

※ 그룹원 중에 역할을 나누어 줍니다.

① 조장 : 전체공지사항 전달, 단체 SNS 활성화

② 도우미 : 간식준비, 사진관리, 모임장소, 준비물 확인

2. 40주로 나누어 진행해요.

1년 동안 동절기 하절기를 뺀 40주간 매주 1회 진행할 수 있도록 구성하였습니다. 교회에 사정에 따라 유동적으로 진행하시기 바랍니다. 하절기에는 노년 여름성경학교 특별교재 「노년만만세」(총회교육자원부 편)를 활용합니다.

3. 온라인 SNS를 활용해요.

※ 함께 성경공부와 QT를 함께 나눈다는 마음으로 동참합니다.

※ 도움이 되는 찬양이나, 서적, 신문 기사나 동영상을 올려 줍니다.

※ 매일 한 명씩 담당자를 정해 기도문이나 찬양을 올리도록 합니다.

※ 공지사항을 전달하거나 확인합니다.

※ 가정에서의 실천사항을 인증샷이나 후기로 올려 구성원들과 공유합니다.

※ 함께하는 사람들과 시간을 정하여 중보기도 모임을 갖습니다.

4. 서로를 위해 기도하며 진행해요.

<table>
<tr><td>이름</td><td colspan="4">함께 품고 함께 기도해요.</td></tr>
<tr><td rowspan="3"></td><td>가족</td><td></td><td>가족 연락처</td><td></td></tr>
<tr><td>연락처</td><td></td><td>메일주소</td><td></td></tr>
<tr><td>기도제목</td><td colspan="3"></td></tr>
</table>

5. 이것만은 꼭 약속해요!

모임의 원활한 진행과 활성화를 위해 다음의 다섯 가지 약속을 함께 다짐하며 힘차게 출발합시다. 추가로 더 약속을 정하여도 좋습니다.

나 ____________는 성경공부에 다음과 같이 성실히 임할 것을 약속합니다.

20 년 월 일

내 용	서약
약속1 모임시간 지키기	
약속2 마치는 시간 지키기	
약속3 주제에서 벗어난 내용은 자제하기	
약속4 진실되게 말씀 앞에 마음을 오픈하기	
약속5 함께 나눈 대화내용은 절대! 비밀 보장하기	

다섯 가지 약속과 함께 행복한 말씀청춘이 되기 위해 함께 읽도록 합니다.

우리는 행복한 말씀청춘!

1. 다양한 사람들이 한 성령님 안에서 아름다운 공동체를 이룹니다.
2. 기쁜 일, 슬픈 일이 생겼을 때 자기 일같이 나서서 서로를 챙깁니다.
3. 모일 때마다, 서로의 기도 제목을 내어 놓고 기도합니다.
4. 모일 때마다, 서로 격려하고 칭찬합니다.
5. 모일 때마다, 세상 이야기보다 영적인 이야기에 집중합니다.
6. 모일 때마다, 말씀을 배우려는 마음의 자세를 가집시다.
7. 모일 때마다, 참석하지 않은 분의 가정 분위기를 파악하고 대처합니다.
8. 모일 때마다, 새로 온 분이나 믿음이 어린 분을 항상 배려합니다.
9. 모일 때마다, 함께 성경공부하는 분들의 영적 성장과 건강을 위해 기도합니다.
10. 모일 때마다, 참석한 모든 사람이 한 마디 이상씩 자신의 생각을 이야기하도록 합니다.

차례

감 수 류영모 요 목 홍정근
말씀청춘 전체 집필자 강두성 강무순 권용근 김승민 김승학 김후식 문은희 민경운 박미경 손병렬 신동설 안재평 오창우 윤여민 이선재 이성희 이언구 이진원 이희수 정영택 정해우 조용선 조재호 조혜민 한 택 홍정근 황해국
전체기획 이진원, 강푸름

제1과 사연을 가슴에 묻은 신앙고백

주안점 / 평탄치 않은 인생길일지라도 욥과 같은 믿음의 삶을 살아냅시다.

오늘의 믿음구호 외치기 _ "주신 이도 여호와시요, 거두시는 분도 여호와십니다!"

★ 본문말씀 _ 욥기 1:13~22

"이르되 내가 모태에서 알몸으로 나왔사온즉 또한 알몸이 그리로 돌아가올지라 주신 이도 여호와시요 거두신 이도 여호와시오니 여호와의 이름이 찬송을 받으실지니이다 하고"(21절).

★ 함께 부르는 찬송 _ 찬송가 215장 1절

1. 내 죄 속해 주신 주께 힘과 정성 다하니 나의 온갖 언행심사 주를 위한 것일세
내게 있는 모든 것을 주를 위해 바치리 내게 있는 모든 것을 주를 위해 바치리

생각으로의 초대

창세기 47장 9절에서 야곱은 "내 나그네 길의 세월이 백삼십년이니이다 내 나이가 얼마 못 되니 우리 조상의 나그네 길의 연조에 미치지 못하나 험악한 세월을 보내었나이다"라고 고백합니다. 그 험악한 세월 속에 묻힌 사연이 얼마나 많겠습니까? 욕심 때문에 형을 속이고 도망자가 된 그가, 도리어 외삼촌에게 속고 또 속은 인생. 우여곡절 끝에 고향으로 돌아오는 중에 마주친 형의 위협, 그리고 딸이 수치를 당한 사건과 아들들의 살인. 여기에서 끝이 아닙니다. 가장 사랑하던 아들 요셉을 잃고 큰 상실을 경험했던 그가 지나온 인생을 회상했을 때, 그는 자신의 삶을 '험악한 세월'이라는 짧은 두 마디로 정리합니다.

우리 삶도 야곱과 다르지 않을 것입니다. '험악한 세월'. 그러나 신앙인으로서 우리는 아무리 많은 사연을 안고 살아갈지라도 이런 고백을 하며 살아야 합니다. "내가 모태에서 알몸으로 나왔사온즉 또한 알몸이 그리로 돌아가올지라 주신 이도 여호와시요 거두신 이도 여호와시오니 여호와의 이름이 찬송을 받으실지니이다"

말씀으로의 초대

인생이란 무엇입니까? 인생(人生)이란 흙으로부터 온 존재가 서로 의존하며, 흙 위에서 생존하는 것입니다. 본문 속 욥도 "내가 모태에서 '알몸'으로 나왔사온즉 또한 '알몸'이 그리로 돌아가올지라"고 고백합니다. 이처럼 인생이란 흙 위에서 살아가는 가냘픈 존재의 삶입니다. 그러므로 '우리의 생명이 하나님께 있다'는 확신 없이 살아간다면, 인생은 그저 흙에서 왔으니 흙으로 돌아가는 일생(一生)이 될 뿐입니다. 오늘 말씀 속 욥에게 인생이 흙에서 와서 흙으로 돌아가는 존재가 아니라 영생을 위한 존재라는 확신이 없었다면 그렇게 아픈 사연을 가슴에 묻고 이런 신앙고백을 할 수 있겠습니까? 오늘 말씀을 살펴보면서 우리에게 주는 영적 교훈이 무엇인가를 생각해 봅시다.

첫째, 소유의 문제입니다.

자신의 인생을 자신의 소유라고 생각하며 살아간다면 지나온 인생의 모든 사연

또한 자신의 가슴에 묻고 살아야 할 것입니다. 내 인생은 내것이기 때문입니다. 그래서 원망과 설움과 고통이 가득한 사연을 스스로 감내하며 살아가는 운명적인 인생이 될 수밖에 없습니다. 불교의 윤회설을 믿는 사람들은 그 고통을 업보라고 칭합니다. 그리고 그 업보를 지난 생의 대가로 여기며 숙명처럼 받아들이고 살아갑니다. '내 소유의 주인이 누구인가.' 하는 것은 매우 중요한 문제입니다. 왜냐하면 내가 소유자가 된다면 수많은 문제와 사건에서 비롯된 결과까지 스스로 책임져야 하는 부담스런 인생이 되기 때문입니다.

둘째, 존재의 문제입니다.

자신의 모든 소유의 주인이 하나님이라는 분명한 피조의식과 청지기의식이 있다면 견디기 힘든 환경 속에서도 다른 인생을 살 수 있습니다. 왜냐하면 오늘의 문제를 이해할 수 없고, 오늘의 사건을 감당할 수 없어도 하나님께서 나의 인생의 주인이시기에, 모든 문제와 사건을 주관하시고 인도하실 것이기 때문입니다. 따라서 고난과 역경의 사연을 넘어설 수 있는 신앙고백적인 인생을 살 수 있습니다.

보십시오. 욥이 어떤 고백을 하고 있습니까? 자신은 알몸에서 왔고 알몸으로 돌아갈 뿐이며 주신 자도 거두신 자도 여호와라는 분명한 고백을 합니다. 이것은 영생(永生)에 대한 소망을 안고 살아가기 때문에, 오늘 가슴속에 묻을 수밖에 없는 고난을 믿음으로 승화시킨 고백입니다. 여러분도 지나온 과거로 인해 아프고 오늘을 견디기 힘든 인생을 살고 있습니까? 소유에 대한 분명한 정리가 필요합니다. 욥처럼 자신의 현존이 곧 하나님의 것이라는 분명한 믿음을 가지고 인간적인 아픔과 고통과 역경을 딛고 일어설 수 있는 그리스도인이 되시기 바랍니다.

셋째, 현존은 은총의 날이요 은혜로 주어진 삶입니다.

살아온 지난날을 곱씹어 보십시오. 얼마나 어려운 삶이었습니까? 그 인생을 말로 어떻게 다 표현할 수 있겠습니까? 그 사연을 다 소유하며 내가 책임지며 살아간다고 생각하면 인생이 얼마나 무겁고 버겁습니까? 그러므로 오늘 우리는 모든 소유의 주인이 하나님이심을 분명히 알아야 합니다. 모든 문제와 사건을 다 이해할 수 없을지라도, 그분이 주신 은혜와 영생의 소망을 가지고 욥 같은 신앙고백으로 오늘을 승리하는 그리스도인이 되시기를 바랍니다. 가나에서 열린 기쁨의 혼인잔치에도 위기는 있었습니다.

삶으로의 초대

가슴에 파묻어 놓고 눈물로 지내온 사연을 서로 나누어 본 후, 짝을 지어 서로를 위해 기도해 봅시다(나의 믿음 없음을 고백하며 도무지 이해가 되지 않았던 사연 많은 삶에 대한 하나님의 섭리를 알고 함께 기도합니다).

기도로 아뢰기와 주기도

우리의 인생을 주관하시는 하나님, 고단한 인생길 가운데 하나님께서 우리 삶의 주관자 되어 주셔서 우리의 모든 고난과 질고를 감당해 주시니 감사합니다. 때로는 이해할 수 없는 시련도 있었지만, 그때마다 주님께서 우리와 함께하셨음을 고백합니다. 늘 우리 인생의 주인되시는 주님을 바라보며 남은 인생도 주님께 맡겨 드리는 그리스도인 되게 하여 주옵소서. 예수 그리스도의 이름으로 기도합니다. 아멘.

제2과 끝까지 믿어 준 사랑의 고백

주안점 / 언제나 우리를 믿어 주시고 기다려 주시는 하나님의 은혜와 사랑 안에 살아갑시다.

오늘의 믿음구호 외치기 _ "끝까지 믿어 주시는 하나님의 사랑 안에서 살아갑시다!"

★ 본문말씀 _ 욥기 42:1~9

"내가 주께 대하여 귀로 듣기만 하였사오나 이제는 눈으로 주를 뵈옵나이다 그러므로 내가 스스로 거두어들이고 티끌과 재 가운데에서 회개하나이다"(5-6절).

★ 함께 부르는 찬송 _ 찬송가 370장 1절

1. 주 안에 있는 나에게 딴 근심 있으랴 십자가 밑에 나아가 내 짐을 풀었네
주님을 찬송하면서 할렐루야 할렐루야 내 앞길 멀고 험해도 나 주님만 따라 가리

생각으로의 초대

하나님의 놀라운 섭리를 경험해 본 적이 있으십니까? 하나님께서는 왜 우리가 고난에 처해 있을 때 침묵하고 계실까요? 하나님은 왜 의인이 고난 받을 때, 아무 말씀도 하지 않으시는 걸까요? 의문되는 고난의 역사 끝에 나타나는 하나님의 섭리는 인간의 생각과는 비교할 수 없이 놀랍습니다. 욥의 인생 가운데 나타나는 하나님의 섭리는 무엇인지 또 욥의 이야기를 통해 우리에게 들려주시는 하나님의 말씀은 무엇인지 본문 말씀 속으로 함께 들어가 봅시다.

말씀으로의 초대

욥이 당한 고난을 우리는 의인의 고난이라고 합니다. 그러나 이것은 오롯이 욥의 입장에서 살펴본 것입니다. 오늘은 욥의 입장이 아닌, 하나님의 입장에서 본문을 살펴보고자 합니다. 왜냐하면 하나님께서 이 사건을 통해서 무엇을 이루고자 하셨는가를 알아야 하기 때문입니다. 욥의 고난은 하나님의 깊으신 사랑과 섭리, 뜻과 역사가 무엇인가를 깨닫게 하며, 우리를 끝까지 믿어 주시고 사랑해 주시는 그 분 앞에 어떤 모습으로 서야 하고 고백해야 하는지를 깨닫게 합니다.

하나님은 우리를 너무나 사랑하시기에 끝까지 믿어 주시는 분입니다.

욥은 사탄의 시험으로 재산과 자식을 잃어도 변함없이 경건한 삶과 신앙을 유지합니다. 그러자 사탄은 하나님께 더 큰 시험을 제시합니다. 사탄의 제안을 하나님께서 받아들이실 때, 어떤 마음이셨을까요? 욥을 너무나 사랑하기에 그의 고통이 마음 아프시지만, 한편으로는 그만큼 욥을 믿으셨기에 사탄에게 욥을 시험하도록 내어주셨습니다. 사탄의 입장에서는 욥을 시험한 것에 불과하지만, 하나님 입장에서는 욥을 테스트함과 동시에, '내가 믿는 네가 충분히 이겨내리라.'는 믿음이 있으셨습니다. 이것이 세상과는 다른 하나님의 사랑입니다. 세상은 우리를 믿어 주기 이전에 불신하기 때문입니다.

하나님께서는 독생자이신 아들을 주시기까지 우리를 사랑하시고 우리를 믿어 주시는 분입니다. 우리를 너무나 사랑하시기 때문입니다. 그러므로 욥을 사탄에게 내어 준 시험은 하나님이 욥을 시험한 것이 아니라, 끝까지 믿어 주시고 함께하여 주시는 하나님의 사랑과 욥의 믿음에 대한 신뢰였다고 볼 수 있습니다.

하나님께서 주시는 시험은 우리를 더욱 성숙한 믿음으로 이끌어 가는 하나님의 섭리입니다.

하나님의 섭리는 언제나 우리가 깨달을 수 없고 알 수 없습니다. 우리에게 고난과 어려움이 찾아올 때 더욱 그렇습니다. 그러나 분명한 것은 우리가 문제 상황과 어려움 속에 있을지라도, 하나님께서는 언제나 우리 인생을 선으로 이끌어 가신다는 것입니다. 우리는 오랜 신앙경험을 통해 이러한 하나님의 역사를 경험했고, 익히 잘 알고 있으면서도 늘 하나님을 믿지 못하고, 하나님을 원망하는 불신과 죄악의 추악한 모습을 드러냅니다.

그러나 어려움 가운데 우리의 연약함과 추악함이 드러났다고 실망하지 마십시오. 그때가 하나님의 사랑과 은혜를 알 수 있는 기회이자, 우리 믿음이 성장하는 기회이기 때문입니다. 우리 인생에 찾아온 시험은 우리에게 더욱 성숙한 믿음을 주시기 위한 하나님의 섭리라는 것을 깨닫고, 그 시험을 믿음으로 이겨 나가야 합니다.

그리스도인이라고 해서 모두 하나님의 뜻을 정확히 아는 것은 아닙니다.

우리는 욥기를 읽으며 욥의 세 친구들의 주장이 얼마나 어리석고, 믿음 없고, 하나님을 모르고 주장한 논리였는가를 발견할 수 있습니다. 욥 또한 오늘 본문을 통해서 "무지한 말로 이치를 가리는 자가 누구니이까 나는 깨닫지도 못한 일을 말하였고 스스로 알 수도 없고 헤아리기도 어려운 일을 말하였나이다 내가 말하겠사오니 주는 들으시고 내가 주께 묻겠사오니 주여 내게 알게 하옵소서 내가 주께 대하여 귀로 듣기만 하였사오나 이제는 눈으로 주를 뵈옵나이다"(욥 42:3-5)라고 말합니다.

욥에게 닥친 고난의 시작은 하나님에 대한 믿음을 새롭게 하기 위한 시작이었으며, 고난의 끝은 자신의 교만과 부족함을 깨닫고 고백하며 은혜로 그분 앞에 회개하게 하는 것이었습니다. 그래서 욥은 "내가 스스로 거두어들이고 티끌과 재 가운데에서 회개하나이다"(욥 42:6)라고 고백합니다.

여러분의 삶에도 고난과 어려움이 있습니까? 여러분에게 닥친 고난과 어려움, 역경을 피하지 마십시오. 그 고난 앞에 오히려 자신의 무지와 진실이 오히려 연약함과 추악함이 드러날지라도, 하나님의 계획과 섭리는 우리를 향한 사랑과 믿음이라는 것을 기억하십시오. 이러한 믿음 위에 더욱더 성숙해지는 그리스도인이 되기를 바랍니다.

삶으로의 초대

1. 현재 자신을 가장 괴롭게 하는 사건은 무엇이며, 이 일을 계기로 하나님께서 나에게 어떤 일을 기대하실지 나누어 봅시다.
2. 나눔이 끝나면 서로를 위해서 손을 잡고 함께 기도합시다.

기도로 아뢰기와 주기도

사랑의 하나님! 하나님의 계획과 섭리를 깨닫지 못하고, 저희에게 주어진 고난을 원망하며 낙심했던 것을 용서하여 주시옵소서. 고난이 우리의 연약함을 깨닫게 하는 기회이자 아버지의 마음을 깨닫는 기회라는 것을 알게 하셨으니 고난이 올 때마다 믿음 없는 말과 행동을 멈추고 아버지의 사랑과 계획하신 섭리를 깨닫게 하시는 성령의 감동이 있게 하여 주옵소서. 예수 그리스도의 이름으로 기도합니다. 아멘.

제3과 여호와는 나의 목자

주안점 / 여호와 하나님께서 나의 목자가 되셔서 우리의 삶을 인도하여 주십니다.

오늘의 믿음구호 외치기 _ "우리의 참 목자 되시는 주님만 바라봅시다!"

★ 본문말씀 _ 시편 23:1~6

"여호와는 나의 목자시니 내게 부족함이 없으리로다"(1절).

★ 함께 부르는 찬송 _ 찬송가 570장 1절

1. 주는 나를 기르시는 목자요 나는 주님의 귀한 어린양 푸른 풀밭 맑은 시냇물 가로 나를 늘 인도하여 주신다 주는 나의 좋은 목자 나는 그의 어린양 철을 따라 꼴을 먹여 주시니 내게 부족함 전혀 없어라

생각으로의 초대

필립 켈러는 그의 저서 『양과 목자』에서 양의 습성을 소개합니다. 양들은 네 가지 문제를 해결해 주지 않으면 결코 눕지 않는다고 합니다.
첫째는 두려움입니다. 양은 겁이 많은 동물인지라 두려움에서 벗어나지 않으면 눕지 않는다고 합니다. 둘째는 긴장감입니다. 양들은 집단 안에서 사회적인 행동을 하는 동물인지라 저희들끼리 싸움을 자주 하고 싸움이 끝나지 않으면 누우려 하지 않는다고 합니다. 셋째는 괴로움입니다. 파리나 기생충으로 말미암아 괴로움을 받는 경우에도 눕지 않는다고 합니다. 넷째는 배고픔입니다. 배부르게 꼴을 먹지 않으면 양들은 누우려 하지 않는다고 합니다. 그래서 목자는 양들이 두려움과 긴장감과 괴로움과 배고픔에서 벗어나게 하려고 어떤 불편함과 위험도 감수한다고 합니다.
이처럼 하나님께서는 우리를 세상 여러 두려움에서 목자처럼 지켜 주시는 분입니다. 다윗도 여호와 하나님이 나의 목자가 되어 주셨기에 부족함이 없다고 고백합니다.

말씀으로의 초대

여호와 하나님은 나를 인도하시는 목자이십니다.

"그가 나를 푸른 풀밭에 누이시며 쉴 만한 물 가로 인도하시는도다"(2절).

이스라엘은 국토의 60% 이상이 광야입니다. 샘이나 우물이 있는 곳에는 푸른 나무들이 있기도 하지만 많은 지역이 척박한 광야지역입니다. 이스라엘 광야에서 양을 인도하는 목자들은 양을 인도하여 늘 이동하면서 살아갑니다. 이동하는 목적지는 양들이 편안히 누워 쉴 수도 있는 물과 풀이 풍족한 곳입니다. 광야같이 척박한 세상을 살아가는 하나님의 백성들에게 하나님은 이스라엘 광야의 목자처럼 우리를 늘 푸른 풀밭과 쉴 만한 물가로 인도하시는 분이십니다. 다윗이 사울 왕에게 쫓겨 광야를 헤매고 살아갈 때에 하나님께서는 친히 목자가 되어 주셔서 다윗을 인도하여 주셨습니다. 그 하나님이 바로 우리의 목자 되시는 여호와 하나님이십니다.

여호와 하나님은 나와 함께하시는 목자이십니다.

"내가 사망의 음침한 골짜기로 다닐지라도 해를 두려워하지 않을 것은 주께서 나와 함께하심이라 주의 지팡이와 막대기가 나를 안위하시나이다"(4절).

때로는 막막하고, 두렵고, 떨리고, 큰 근심으로 절망적인 상황에 놓일 때가 있습니다. 다윗도 그럴 때가 있었습니다. 그때는 사울 왕이 다윗을 죽이려고 창을 던지는 순간일 수도 있습니다. 쫓기고 쫓기다 더 이상 피할 길이 없어 가드 왕 아기스에게 망명하여 생명을 부지하고자 미친 척했을 때일 수도 있습니다. 어쩌면 사랑하는 아들 압살롬이 반역하여 도망칠 때일 수도 있습니다. 그런 곳을 다윗은 '사망의 음침한 골짜기'라고 표현하고 있습니다. 그러나 그때에도 다윗은 두려워하지 않았습니다. 그 이유는 목자가 되시는 하나님께서 늘 함께하셨기 때문입니다.

여호와 하나님은 나의 잔이 넘치게 하시는 목자이십니다.

"주께서 내 원수의 목전에서 내게 상을 차려 주시고 기름을 내 머리에 부으셨으니 내 잔이 넘치나이다"(5절).

하나님은 다윗의 원수들을 다윗의 목전에서 다 물리쳐 주셨습니다. 아무리 강한 대적이라도 다윗을 당해 내지 못하였습니다. 거인 골리앗도 다윗을 이기지는 못하였습니다. 하나님께서는 모든 대적들을 이기게 하시고 승리의 상을 차려 주시고 기쁨의 잔을 넘치게 해 주셨습니다. 다윗은 언제나 하나님을 앞에 모시고 뒤따라갔습니다. 하나님은 다윗을 위해 친히 싸워 주시고 이기게 해 주셨습니다. 내가 여호와를 항상 내 앞에 모심이여 그가 나의 오른쪽에 계시므로 내가 흔들리지 아니하리로다(시 16:8). 그래서 다윗은 이렇게 믿음의 고백을 하고 있습니다. "여호와는 나의 목자시니 내게 부족함이 없으리로다."

삶으로의 초대

'여호와는 나의 목자시니' 말씀액자 만들기

– 준비물: OHP 필름, 액자크기 종이, 색연필 또는 색종이와 풀, 액자

– 진행방법:

① OHP 필름에 오늘의 말씀을 인쇄하여 액자 크기로 오려 둡니다.

② 하나님이 함께하시는 내 인생, 내 마음을 색깔에 비유하여 이야기 나눕니다.

③ 나누었던 이야기를 바탕으로, 종이 위에 색연필로 자유롭게 색칠합니다.
④ 색칠한 종이 위에 말씀이 인쇄된 OHP 필름을 덧대어 액자에 끼웁니다.
⑤ 말씀액자를 가정에 비치해 두고, 액자를 볼 때마다 말씀을 기억합니다.
Tip. 색칠하는 대신 색종이를 붙이거나 스티커를 활용하여 만들 수 있습니다.

〈색연필 활용 예〉

〈색종이 활용 예〉

〈스티커 활용 예〉

기도로 아뢰기와 주기도

우리 목자이신 하나님! 광야 같은 세상에서도, 암담한 사망의 골짜기에서도, 크고 작은 대적들이 내 앞을 가로막고 있을지라도 늘 선하시고 인자하신 목자가 되어 주신 하나님 감사합니다. 영원토록 나의 목자가 되어 주셔서 나를 인도하시고 늘 함께 하셔서 내 잔이 승리와 기쁨으로 넘치게 하옵소서. 예수 그리스도의 이름으로 기도합니다. 아멘.

제4과 바벨론 강변에서

주안점 / 하나님의 승리를 기대하며 오늘의 고난을 믿음으로 극복하는 신앙인이 됩시다.

오늘의 믿음구호 외치기 _ "고난의 때일수록 하나님을 바라봅시다!"

★ 본문말씀_시편 137:1~9

"우리가 바벨론의 여러 강변 거기에 앉아서 시온을 기억하며 울었도다"(1절).

★ 함께 부르는 찬송 _ 찬송가 342장 1절

1. 너 시험을 당해 죄 짓지 말고 너 용기를 다해 곧 물리치라 너 시험을 이겨 새 힘을 얻고
주 예수를 믿어 늘 승리하라 우리 구주의 힘과 그의 위로를 빌라 주님 네 편에 서서 항상 도우시리

생각으로의 초대

세월을 피해 갈 수 있는 사람은 아무도 없습니다. 다만 알고 준비하는 사람이 있고 자기와는 상관없는 줄 알고 사는 사람이 있을 뿐입니다. 노년은 반드시 찾아옵니다. 노년이 찾아오면서 따라오는 고통이 있습니다. 대체적으로 따라오는 고통은 가난의 고통, 외로움과 고독의 고통, 상실감의 고통, 질병의 고통이라고 합니다. 젊은 시절의 고통은 태풍같이, 천둥같이, 벼락같이, 모질고 두려운 고통이었어도 견딜 수 있었습니다. 가을 대추처럼 붉게 잘 익은 열매를 위한 내일이 있는 고통이기에 견딜 수 있었었습니다. 그러나 노년의 고통은 내일이 없는 고통이기에 더 아프고 절망스럽다고 이야기하기도 합니다. 정말 노년의 고통은 내일이 없어 더 크고 절망스러운 고통일까요?

그리스도인들은 항상 오늘이 마지막 날인 것처럼 언제 오실지 모르는 주님을 기다리며 사는 사람들입니다. 오늘 내게 다가오는 고통이 있더라도 오늘 주신 은혜로 감사하며 최선을 다하는 사람들이 참된 그리스도인입니다.

말씀으로의 초대

시온을 기억하며 울었도다

"우리가 바벨론의 여러 강변 거기에 앉아서 시온을 기억하며 울었도다"(시 137:1).

시인은 포로의 신세로 바벨론 강변에서 고된 삶 속에서 거룩한 도성 예루살렘 곧 시온 성을 기억하며 울고 있습니다. 그 울음은 베풀어 주신 하나님의 은혜를 저버린 백성들의 회개의 울음이고, 그 울음은 무너진 예루살렘을 생각하며 마음 아파하는 애통의 눈물입니다. 포로로 잡혀갔던 백성들이 다시 귀환하는 감격스러운 역사는 회개와 아파하는 애통의 눈물에서 시작이 되었습니다. 주님께서 "애통하는 자는 복이 있나니 그들이 위로를 받을 것임이요"(마 5:4)라고 말씀하신 것처럼 우리의 고통과 슬픔의 자리에서 보여 주시는 하나님의 위로와 구원의 역사는 회개하는 눈물, 마음 아파하는 눈물에서 시작되곤 합니다. 국가를 위해서, 가정을 위해서, 그리고 하나님의 나라를 위해서 우리의 눈물이 필요합니다.

이방 땅에서 어찌 여호와의 노래를 부를까

"우리가 이방 땅에서 어찌 여호와의 노래를 부를까"(시 137:4).

바벨론 사람들은 포로들에게 시온의 노래를 부르라고 강요하였습니다. 그러나 자신들을 포로로 잡은 자들을 위해 노래할 수는 없었습니다. 비록 포로의 처지에 있지만 어찌 하나님 외에 이방을 위해 노래할 수 있겠습니까? 그럴 수 없다는 단호한 결의의 표현이고 신앙의 지조를 표현하는 고백인 것입니다. 하나님의 백성들은 세상을 노래할 수는 없습니다. 오직 하나님만 노래할 뿐입니다. 하나님의 백성들은 세상에 굴복하여 세상과 함께 흥청거리며 살 수는 없습니다. 하나님의 백성들은 이 땅에 살고 있지만 하나님의 나라를 소망하며 살아가는 사람들입니다. 하나님의 백성들은 오직 하나님만 노래하며 찬양하는 사람들입니다.

기초까지 헐어 버리라.

"여호와여 예루살렘이 멸망하던 날을 기억하시고 에돔 자손을 치소서 그들의 말이 헐어 버리라 헐어 버리라 그 기초까지 헐어 버리라 하였나이다"(시 137:7).

예루살렘 멸망의 날을 기억하실 것을 간구하고 있습니다. 그날에 대적들이 "헐어 버리라 헐어버리라 기초까지 헐어버리라"고 외쳤다는 것입니다. 이제 하나님께서 그들이 행한 대로 갚아 주시기를 간구하고 있습니다. 하나님께서는 대적들을 치실 것이고, 무너뜨릴 것이고, 구원과 승리를 주시는 분이심을 믿는 믿음에 근거한 기도입니다. 하나님이 우리의 슬픔이 변하여 춤이 되게 하실 것을 믿는 믿음의 기도입니다(시 30:11).

고난과 슬픔 중에도 하나님은 나의 하나님이시고, 슬픔이 변하여 춤이 되게 하시는 하나님이심을 믿고 살아가는 사람들이 하나님의 사람들입니다.

삶으로의 초대

나를 고통과 슬픔의 자리에서, 일어날 수 있게 해 준 찬송이 있나요? 함께 불러 봅시다.

– 준비물:반주자, 음원, 찬송가, PPT가사

– 진행방법:

① 사전에 미리 각자에게 위로가 되었던 의미 있는 찬송들을 모집합니다.

② 찬양제 당일 반주자나 음원, 악보 등을 준비합니다.

③ 돌아가며, 내가 고른 찬송을 소개하고 함께 찬양 부르는 시간을 갖습니다.
(내가 고른 찬송이 나에게 의미 있는 이유, 어느 소절이 위로와 힘이 되었는지)

④ 고난의 순간에 우리의 울음을 들어주신 하나님께 감사의 마음을 고백합니다.
함께 모인 서로를 위해 기도합니다.

Tip. 참여 인원이 많을 경우 그룹별로 찬송을 선정하여 찬송을 선택한 이유를 발표하고, 특송하는 방식으로 진행해도 좋습니다.

기도로 아뢰기와 주기도

사랑의 하나님! 오늘 내게 다가오는 여러 가지 고통이 있을지라도 낙담과 절망 가운데 살아가는 것이 아니라 어떤 상황에서도 믿음과 소망 가운데 최선을 다하여 끝까지 사명을 감당한 믿음의 선진들처럼 우리도 오늘을 소망으로 최선을 다해 살아가는 주님의 제자가 되게 하여 주시옵소서. 예수 그리스도의 이름으로 기도합니다. 아멘.

제5과 아굴의 기도

주안점 / 헛된 욕심과 더러운 술수를 멀리하고 하나님 앞에서 진실하게 하루하루 살아갑시다.

오늘의 믿음구호 외치기 _ "헛됨과 거짓을 버리고 하나님만을 바라보며 나아갑시다!"

★ 본문말씀_잠언 30:7~9

"곧 헛된 것과 거짓말을 내게서 멀리 하옵시며 나를 가난하게도 마옵시고 부하게도 마옵시고 오직 필요한 양식으로 나를 먹이시옵소서"(8절).

★ 함께 부르는 찬송 _ 찬송가 370장 1절

1. 주 안에 있는 나에게 딴 근심 있으랴 십자가 밑에 나아가 내 짐을 풀었네
주님을 찬송하면서 할렐루야 할렐루야 내 앞길 멀고 험해도 나 주님만 따라가리

생각으로의 초대

세계적인 첼로 연주자 파블로 카잘스가 아흔 다섯 살이었을 때, 한 기자가 그에게 물었습니다. "선생님께서는 역사상 가장 위대한 연주자로 손꼽히는 분입니다. 그런데 아직도 하루에 6시간씩 연습을 하시는 이유가 무엇입니까?" 카잘스는 활을 내려놓고 이렇게 답합니다. "왜냐하면 지금도 제가 조금씩 발전하고 있다고 생각하기 때문입니다."

아브라함은 75세에 부름을 받아 순례의 길을 떠났습니다. 모세가 애굽에서 신음하던 자기 백성 이스라엘을 위해 부름을 받았을 때는 그는 80세였습니다.

나이나 환경은 우리를 두렵게 하지만, 하나님 앞에 서 있는 인생은 주어진 오늘을 그분이 주신 '기회'로 여깁니다. 한 치 앞도 알 수 없는 '내일'에 신경을 쓰는 일이 헛되다는 것을 우리는 충분히 알고 있지 않습니까?

말씀으로의 초대

하나님 앞에서 가지는 소원은 우리가 누구인지를 보여 줍니다.

함께 읽은 본문은 야긆의 기도입니다. 들어보면 굉장히 근사한 기도를 하고 있다는 생각이 드는데, 그 첫 번째 이유는 이생에서의 성공이나 부귀영화 등에 큰 관심이 없어 보이기 때문입니다. 돈을 많이 벌고, 떵떵거리는 지위가 사람들의 부러움을 살 수 있지만 존경을 얻을 수는 없습니다. 만약 야긆이라는 사람이 천지와 우주 만물의 주인이신 하나님 앞에서 고작 '로또 1등에 당첨되게 해 달라'는 소원을 아뢰었다면 이 글이 성경에 실리는 일은 일어나지 않았을 것입니다. 그는 진정으로 중요한 것이 무엇인지를 깨달은 사람입니다. '사람이 언제 어디서나 진실해야 한다'는 가치가 이 땅에서 누리는 잠시 잠깐의 허영보다 훨씬 가치 있다는 것을 안다면, 당연히 하나님 앞에서 그렇게 되기를 기도할 것입니다. 건강하기만 했던 젊은 시기에는 엉뚱한 데에 정신이 팔려서 상대적으로 덜 중요한 데에 에너지를 쏟을 수도 있습니다. 하지만 이제는 다릅니다. 우리는 달라야 합니다. 하나님 앞에서 헛되이 살지 않았다는 것을 보여 줄 수 있어야 합니다. 우리가 품은 소원과 기도를 점검해 봐야 할 때입니다.

자기 자신의 연약함을 직시할수록 하나님을 더욱 신뢰하게 됩니다.

잠언 30장 9절은 아굴 자신의 경험에서 우러나온 진솔한 고백입니다. "혹 내가 배불러서 하나님을 모른다 여호와가 누구냐 할까 하오며 혹 내가 가난하여 도둑질하고 내 하나님의 이름을 욕되게 할까 두려워함이니이다" 사람이 얻을 수 있는 지혜의 대부분은 '살아 봐야 알게 되는 것들'입니다. 아굴도 한때는 배불러도 하나님을 얼마든지 잘 섬길 수 있다고 여겼습니다만, 그렇게 되지 않았던 아픈 과거를 가지고 있습니다. 우리 모두가 경험한 바가 아닙니까? 일이 바쁘고 돈도 많이 벌 때는 하나님을 생각할 겨를이 없었습니다. 등이 따뜻하고 배가 부를 때는 하나님 앞에서 내 영혼의 상태를 점검할 틈이 없습니다. '더 잘 될 수 있는' 길을 찾고자 머리를 굴리기에 바쁩니다. 지독한 고난 속에서 신음하면 옆에 있는 내 가족에게도 웃음을 보여 주는 것이 어렵게 됩니다. 우리의 몸과 영혼은 그렇게나 연약합니다. 그에 비해 하나님은 얼마나 믿을 만한 분이십니까? 과하지도 모자라지도 않은 오늘에 필요한 양식을 공급해 주시는 분이 바로 우리 하나님이십니다. 안일한 생각으로 살지 않게, 너무 큰 낙심에 빠지지 않고 깨어 기도할 수 있는 조건을 허락해 주시는 하나님이십니다. 이것이 우리 모두의 신앙고백이 될 수 있기를 바랍니다.

하나님을 향한 믿음은 결국 우리의 마음과 생각이 하나님 앞에 진실하게 서기를 바라는 것이어야 합니다. 천국에서의 삶을 기대하고 바라보는 여러분은 진정으로 하나님을 구하며 살고 있습니까?

삶으로의 초대

내가 품은 소원과 기도를 점검해 봅시다. 나의 소원과 기도목록을 적은 후 내 영혼의 상태를 점검해 봅시다.

기도로 아뢰기와 주기도

사랑의 하나님! 이생의 자랑과 안목의 정욕 같은 헛된 세상의 일에 집착하며 끌려 다녔던 세월 속에서도 우리를 포기하지 않으시며 동행해 주심을 감사합니다. 지나간 날들의 후회와 아픔은 잊어버리고 주께서 영원히 함께하실 생명과 기쁨의 날들을 순전하게 바라보며 승리의 삶을 살게 하여 주옵소서. 예수 그리스도의 이름으로 기도합니다. 아멘.

제6과 모든 일이 때가 있다

주안점 / 모든 시간의 주인이신 하나님 안에서 때를 따라 감사하며 살아가야 합니다.

오늘의 믿음구호 외치기 _ "때를 따라 지혜롭게 감사하며 삽시다!"

★ 본문말씀_전도서 3:1~11

"하나님이 모든 것을 지으시되 때를 따라 아름답게 하셨고 또 사람들에게는 영원을 사모하는 마음을 주셨느니라 그러나 하나님이 하시는 일의 시종을 사람으로 측량할 수 없게 하셨도다"(11절).

★ 함께 부르는 찬송 _ 찬송가 430장 1절

1. 주와 같이 길 가는 것 즐거운 일 아닌가 우리 주님 걸어가신 발자취를 밟겠네
한 걸음 한 걸음 주 예수와 함께 날마다 날마다 우리 걸어가리

생각으로의 초대

47살 된 남자가 이웃에 사시는 90살 된 할머니와 계약을 맺었습니다. 그 계약의 내용이 할머니에게 매달 2,500프랑(약 40만 원)을 드리는 대신 할머니가 돌아가시면 할머니의 집을 자신이 갖기로 한 것입니다. 이웃 남자는 할머니의 연세가 90세이시니 몇 년 못 사실 것이라 생각했습니다. 그런데 어떻게 된 일인지 할머니가 100살, 110살, 120살이 되셔도 돌아가시지를 않았습니다. 결국 이웃 남자는 30년 동안 할머니에게 매달 40만 원씩 꼬박꼬박 드리며 살았습니다. 그리고 자신의 나이 77살이 되어 먼저 죽고 말았습니다. 할머니는 그 후 2년을 더 사시다가 122살이 되어서 1997년 8월 4일에 세상을 떠나셨습니다. 이분이 세계 최장수로 기네스북에 이름을 올린 잔 깔망이라는 할머니입니다. 알다가도 모르는 게 사람일입니다. 더욱이 그때라는 것은 사람이 알 수 없습니다. 세상에 태어나는 데는 순서가 있지만 세상을 떠나는 데는 순서가 없는 법입니다.

말씀으로의 초대

우리는 때를 따라 살아야 합니다.

모든 시간, 때는 하나님께 속한 것입니다. 우리는 하나님이 허락하신 때를 따라 살 뿐입니다. 이스라엘 백성은 애굽에서 400년을 지낸 후에 모세의 인도로 애굽에서 나올 수 있었습니다. 아브라함은 아들을 주신다는 약속을 받은 후에, 10년이 지나서 이삭을 얻었습니다. 다윗은 사무엘이 찾아와서 장차 왕이 될 것이라고 기름을 부은 후, 오랜 인고의 세월이 지난 후에 이스라엘의 왕이 되었습니다. 예수님은 때가 차매 육신을 입고 이 땅에 오셨습니다(갈 4:4). 모든 것은 때가 있습니다. 날 때가 있고 죽을 때가 있습니다. 일이 잘 될 때가 있고 일이 잘 안 될 때가 있습니다. 자리에 올라갈 때가 있고 내려올 때가 있습니다. 우리는 이때를 잘 알고 처신해야 합니다. 너무 조급하게 서둘러도 안 되고, 너무 욕심을 부려도 안 됩니다. 때를 기다릴 줄 알아야 합니다. 조급하게 서두르면 실수하게 됩니다. 설익은 과일은 먹을 수가 없습니다. 그리고 나설 때와 물러날 때를 알아야 합니다. 물러날 때 물러나지 않으면 보기 싫어집니다. 물러날 때를 알고 깨끗하게 물러날 때 주님이 보시기에

멋진 인생이 됩니다.

하나님은 때를 따라 아름답게 하십니다.

하나님은 모든 것을 합력하여 선을 이루시는 분입니다. 그리고 때를 따라 아름답게 하십니다. 실패도 성공도 돌아보면 다 아름다운 것입니다. 모든 것이 모이고 쌓여서 오늘의 내가 있는 것입니다. 나무의 나이테를 보면 그 간격이 넓은 것도 있고 좁은 것도 있습니다. 넓은 것은 평탄하게 보낸 해의 나이테이고, 좁은 것은 고난과 시련 속에 보낸 나이테입니다. 이렇게 넓고 좁은 나이테가 모여서 커다란 나무가 됩니다. 하나님은 모든 것을 합력하여 선하고 아름답게 이루시는 분입니다. 살아온 날을 돌아보면 알 수 있습니다. 어린 시절은 어린 시절의 아름다움이 있고, 젊은 시절은 젊은 시절의 아름다움이 있습니다. 나이가 든 지금 이 시절의 아름다움이 있습니다. 나이가 든 만큼 무르익고 성숙해지고 노숙해집니다. 마음에 여유도 생기고 너그러운 마음도 갖게 됩니다. 다른 사람을 이해하는 마음도 갖고 용서도 하게 됩니다. 그래서 더욱 아름다운 인생이 됩니다.

삶으로의 초대

1. 격려 나누기

① 두 사람씩 짝을 짓습니다.

② 서로 상대방의 좋은 점이나 칭찬할 점 2가지를 생각합니다.

③ 가위바위보를 해서 이긴 사람이 먼저 상대방에게 칭찬을 해 줍니다.

"(　　　)씨는 ____________ 점이 참 멋있고 좋습니다!"

2. 나를 격려하기

① 조용히 두 눈을 감고 어릴 때부터 지금까지 살아온 세월을 돌아봅니다.

② 눈을 뜨고 한 손을 펴서 가슴을 토닥토닥 두드려 주면서 이렇게 말합니다.

(먼저 잘못하거나 실수한 일을 떠올리면서)

"나, (　　　)아/야! 괜찮아 그때는 그럴 수밖에 없었어. 수고했어!"

(이번에는 부지런히 일하며 살아온 모습을 떠올리면서)

"나, (　　　　)아/야! 너 참 열심히 잘 살아왔구나. 참 수고했다."

기도로 아뢰기와 주기도

때를 따라 아름답게 하시는 하나님! 여기까지 인도하여 주신 은혜를 감사합니다. 나를 있는 모습 그대로 받아 주시고 사랑해 주시는 은혜 또한 감사합니다. 앞으로 더욱 주님께 감사하며 주님을 더욱 의지하며 살게 하여 주옵소서. 예수 그리스도의 이름으로 기도합니다. 아멘!

제7과 살아 보니 세상에는 별것 없더라

주안점 / 헛된 세상을 바라보지 말고, 오직 주님을 사모하며 살아야 합니다.

오늘의 믿음구호 외치기 _ "헛된 것을 버리고 주님을 따릅시다!"

★ 본문말씀_전도서 12:1~8, 13~14

"일의 결국을 다 들었으니 하나님을 경외하고 그의 명령들을 지킬지어다 이것이 모든 사람의 본분이니라"(13절).

★ 함께 부르는 찬송 _ 찬송가 322장 1절

1. 세상의 헛된 신을 버리고 하나님 이름 높여 기리세
온 천하 백성 모두 나와서 다같이 하나님만 섬기세

생각으로의 초대

아무개 집사는 참 어렵게 살았습니다. 막일이나 허드렛일을 하며 겨우 먹고 살 정도였습니다. 그래도 몸이 건강해서 꾸준히 일을 할 수 있었습니다. 어느 덧 70세 중반에 접어들었습니다. 자녀들은 다 출가하였고, 그런대로 먹고 사니 감사한 일입니다. 주일이면 교회에 나가 예배를 드리고, 이런저런 봉사도 하는 재미가 있으니 이 또한 감사한 일입니다. 하루는 아무도 몰래 꽤 오랫동안 모아 둔 저금통장을 열어 보았습니다. 적지 않은 돈이 들어 있어서 어디에 어떻게 쓸까 기도하다가 어려운 가정의 아이들을 지원하는 교회 장학 사업에 기부할 생각을 하는 중입니다.

만약에 당신이 그 집사라면 어떻게 하고 싶습니까?

말씀으로의 초대

다 해 보고 다 살아 보고 얻은 결론입니다.

솔로몬 왕은 왕 중에서도 세상에서 누릴 수 있는 것을 다 누리며 살았습니다. 병거가 1,400대, 마병이 12,000명 거기다가 왕비 외에 후비가 700명에 궁녀 300명을 거느리고 살았습니다. 6.8킬로짜리 금방패가 200개, 2킬로짜리 금방패가 300개가 있었고, 은을 돌같이 쓰고 귀한 백향목 나무를 뽕나무처럼 썼습니다. 공부도 많이 해서 시도 쓰고 책도 썼습니다. 이렇게 누릴 것 다 누리고 해 볼 것 다 해본 후에 그는 깨달았습니다. "헛되고 헛되며 헛되고 헛되니 모든 것이 헛되도다"(전 1:2). 솔로몬은 다 해보고 깨닫게 되었습니다. '아, 세상 것은 별것 없구나, 만족이 없구나' 우리가 세상을 사는 데는 필요한 것이 많습니다. 먹을 것, 입을 것, 거주해야 할 곳 등등 참 많은 것이 필요합니다. 예수님께서도 우리에게 이런 것이 필요하다는 것을 아신다고 했습니다(마 6:32). 그렇습니다. 필요한 것이지만 세상 것이 우리에게 진정한 만족을 주지는 못합니다. 세상의 것은 언젠가 다 잊혀지고 썩어 없어집니다. 영원한 생명을 주지도 못하고 구원을 주지도 못합니다. 그래서 세상 것은 필요한 것이긴 하지만 별것 아니라는 것을 깨닫는 것, 이것이 하나님이 주시는 지혜입니다.

가장 소중한 것은 하나님을 믿는 믿음입니다.

살아 보고 세상 것은 다 별것 아니고, 세상에는 별것 없다는 것을 깨달은 솔로몬은 우리에게 이렇게 말합니다. "일의 결국을 다 들었으니 하나님을 경외하고 그의 명령들을 지킬지어다 이것이 모든 사람의 본분이니라"(전 12:13). 하나님을 믿는 것, 이것이 영원한 것이고, 하나님을 위하여 행한 것만이 영원히 남는다는 것입니다. 그래서 예수님은 보물을 하늘에 쌓아 두라고 하셨습니다(마 6:20). 주일이면 교회에서 하나님을 예배하고, 가정에서는 가족, 자손들을 위하여 기도하고, 이웃 사람들에게 친절하게 대하며 잘 섬기고 작은 것이라도 나누며 사는 것이 바로 하늘에 보물을 쌓는 것입니다. 마지막까지 그리고 영원까지 남는 것은 우리의 믿음이며, 하나님을 위하여 하나님의 말씀대로 봉사하고 헌신하는 것입니다.

삶으로의 초대

선물게임

– 준비물: 휴지를 잔뜩 넣은 선물 상자 두 개(큰 것과 중간 크기)

– 진행방법:

① 선물 상자를 아주 화려하고 근사해 보이도록 포장을 해 둡니다.

② 두 팀으로 나누어 가위바위보 게임을 해서 이긴 팀은 큰 상자, 진 팀은 작은 상자를 받습니다. 그 자리에서 팀원들이 모여 앉아 받은 선물 상자를 열어 봅니다.

③ 서로 상자를 열어 본 후 왜 이런 게임을 했는지와 느낌 등을 이야기해 봅니다.

④ 떠오르는 격언이나 사자성어 등을 이야기합니다.

예) '속빈 강정', '빛 좋은 개살구' 등

⑤ 게임을 마친 후 나를 격려하는 시간을 갖습니다.

"나, (　　　　) 안에는 예수님이 계신다!"

"나, (　　　　)(이) 내 속을 (　　　　)(으)로 가득 채우며 산다!"

예) 말씀, 믿음, 은혜, 찬송 등

기도로 아뢰기와 주기도

하나님, 세상 사는 데 필요하지만 우리에게 진정한 만족을 주지 못하고, 구원하지도 못하고, 영원하지도 않은 세상 것에 붙들려 살지 않고, 주님을 믿는 믿음과 주님의 은혜로 채우며 살게 하옵소서. 예수 그리스도의 이름으로 기도합니다. 아멘.

제8과 나를 보내소서

주안점 / 이사야가 즉각적으로 순종한 것처럼 겸손하게 순종하는 사명자가 되어야 합니다.

오늘의 믿음구호 외치기 _ "주여, 내가 여기 있나이다. 나를 보내소서"

★ 본문말씀_이사야 6:1~13

"내가 또 주의 목소리를 들으니 주께서 이르시되 내가 누구를 보내며 누가 우리를 위하여 갈꼬 하시니 그때에 내가 이르되 내가 여기 있나이다 나를 보내소서 하였더니"(8절).

★ 함께 부르는 찬송 _ 찬송가 321장 1절

1. 날 대속하신 예수께 내 생명 모두 드리니 늘 진실하게 하소서 내 구주 예수여 나 구주 위해 살리라 내 기쁨 한량 없으리 내 갈 길 인도하소서 내 구주 예수여

생각으로의 초대

> "고령화 사회에 접어든 한국 사회에 실버 선교사가 선교 운동의 대안이 될 수 있다. 인생의 후반기를 하나님의 선교에 헌신한 그리스도인이 바로 그들이다." 장성배 교수(감신대)는 고령화 시대에 선교 운동의 대안으로 평신도 실버 선교사를 제안하였습니다.
>
> 그의 설명에 따르면 실버 선교사는 직업 은퇴자, 개인 사업을 접은 자, 전문 직업을 가진 자들로서 충분한 사회 경험과 지식을 바탕으로 선교 현장에서 사역할 수 있는 사람들을 지칭합니다. 이들은 학력, 외국어 능력, 재능, 해외문화 경험, 타 문화 적응력, 사회경험과 대인관계능력 등에 있어 젊은이들보다 훨씬 뛰어난 인적 자원들입니다.
>
> 장 교수는 "실버 선교는 21세기 세계 선교가 당면한 주요 이슈들에 대한 대답"이라면서 "교사, 사회사업가, 학생, NGO 단체, 여행객 등의 다양한 자격으로 선교할 수 있어 평신도 선교사로서 적합하다."고 밝혔습니다.
>
> (「기독교연합신문」 1255호)

만약 내가 실버 선교사로 부름 받는다면 어떻게 응답할까요?

말씀으로의 초대

위기는 오히려 기회다.

본문은 선지자 이사야의 소명을 다루고 있습니다. 이사야는 환상 가운데 높은 보좌에 앉으신 하나님을 대면하게 됩니다. 그 옷자락이 성전에 가득하여 영광스럽고 충만하게 임재하신 하나님을 여섯 날개를 가진 스랍(천사)들이 '거룩하다 거룩하다 거룩하다 만군의 여호와의 영광이 온 땅에 충만하다'고 합창할 때, 성전의 터가 흔들리고 성전에는 연기가 가득하였습니다.

바로 이때, 이사야의 입에서 자신도 모르게 탄식이 터져 나왔습니다. 스스로 이르기를 망하게 되었다는 것입니다. "그때에 내가 말하되 화로다 나여 망하게 되었도다 나는 입술이 부정한 사람이요 나는 입술이 부정한 백성 중에 거주하면서 만군의 여호와이신 왕을 뵈었음이로다 하였더라"(5절). 하나님의 거룩하심이 비추어지자 자신과 자신이 속한 백성들이 얼마나 부정한지 분명하게 드러났습니다. 자신의 부정함 때문에 죽고 싶을 정도의 부끄러움과 고통을 호소할 만큼 극단적 위기가 닥친 것입니다.

그런데 이 같은 위기 가운데 이사야는 영적 전기를 맞게 됩니다. 하나님의 메신저로 부름을 받았습니다. 우리는 때로 예상치 못한 곳에서 기회를 맞을 때가 있습니다. 노년기는 점점 기회를 잃어가는 때라고 생각하기 쉽습니다. 노년기는 여러 차원에서 약화되고 축소되는 시기 그래서 위기라고 여기기 쉬운 시기이기 때문입니다. 그러나 이 같은 노년기에도 여전히 기회는 있다는 것을 잊지 말아야 합니다. 위기의 때가 오히려 기회의 순간이 될 수 있습니다.

기회를 놓치지 말라.

문제는 주어진 기회를 놓치지 말아야 합니다. “세월을 아끼라 때가 악하니라”(엡 5:16). 이는 ‘기회를 최대한 살려야 한다’는 뜻입니다. 이사야에게 기회가 왔습니다. “그때에 그 스랍 중의 하나가 부젓가락으로 제단에서 집은 바 핀 숯을 손에 가지고 내게로 날아와서 그것을 내 입술에 대며 이르되 보라 이것이 네 입에 닿았으니 네 악이 제하여졌고 네 죄가 사하여졌느니라 하더라”(6–7절). 성전 안에서 하나님을 만난 이사야는 죄를 용서받았습니다. 이어서 “내가 또 주의 목소리를 들으니 주께서 이르시되 내가 누구를 보내며 누가 우리를 위하여 갈꼬 하시니”(8절). 탄식하시는 하나님의 음성을 들은 이사야는 그 말씀이 바로 자신을 향한 것이라고 확신했습니다. 그래서 그는 즉각적으로 응답합니다. “그때에 내가 이르되 내가 여기 있나이다 나를 보내소서 하였더니”(8절). 영광스러운 하나님 앞에서 자신과 민족의 부족함이 드러났을 때 그는 말할 수 없는 부끄럼 가운데 있었지만, 오히려 하나님은 그에게 기회를 주신 것입니다. 이 기회를 이사야는 주저없이 붙들었습니다.

사명은 나의 자격, 나의 능력, 나의 지혜로 감당하는 것이 아닙니다. 오직 하나님의 은혜로 하는 것입니다. 노년이지만 하나님이 함께하신다면 여전히 사명을 감당할 수 있습니다. 오직 나에게 필요한 것은 “주여, 내가 여기 있나이다. 나를 보내소서!”라고 응답하는 것입니다.

오늘 나는 스스로 실망하거나 포기하지 않습니까? 주님은 우리가 “주여, 내가 여기 있나이다. 나를 보내소서!"라고 외치기를 기대하십니다. 두려워하거나 주저하지 마십시오. 주님이 부르실 때 "예, 나를 보내소서!"라고 외치십시오.

삶으로의 초대

선지자 이사야는 주님의 음성을 듣고 순종하며 나아갔습니다. 오늘 주님께서 내게 원하시는 것은 무엇일까요? 구체적인 소명의 자리에서 가져야 할 사명과 실천 목표를 적고 실행해 봅시다. 다 적은 다음 서로 나누고, 적용할 수 있도록 격려하며 함께 기도합니다.

소명의 자리	사명의 내용	실천목표
가정에서	예) 행복한 가정만들기	예) 쓰레기 분리수거는 자신이 한다.
교회에서		
동네에서		
친구모임에서		

기도로 아뢰기와 주기도

나의 평생을 지켜 주신 좋으신 하나님, 감사합니다. 이제 인생의 황혼기에 접어들어 육체의 건강과 환경의 변화를 실감하며 때로 위기의식을 느낍니다. 그래서 의기소침해지고 용기를 잃을 때도 있습니다. 여전히 할 일이 있고, 하고 싶은 일도 많은 데 말입니다. 주님, 저에게 이사야와 같은 용기를 주십시오. 예수 그리스도의 이름으로 기도합니다. 아멘.

제9과 예레미야를 부르심

주안점 / 예레미야에게 확신과 용기를 주신 하나님께서 우리를 부르시고 감당할 능력을 주십니다.

오늘의 믿음구호 외치기 _ "내가 너를 세웠노라!"

★ 본문말씀 _ 예레미야 1:4~10

"여호와께서 내게 이르시되 너는 아이라 말하지 말고 내가 너를 누구에게 보내든지 너는 가며 내가 네게 무엇을 명령하든지 너는 말할지니라"(7절).

★ 함께 부르는 찬송 _ 찬송가 349장 1절

1. 나는 예수 따라 가는 십자가 군사라 주 이름 증언하기를 왜 주저하리요 다른 군사 피 흘리며 나가서 싸울 때 나 혼자 편히 앉아서 바라만 보리오 다른 사람 어쩌든지 나 주님의 용사되리 나는 주의 군사되어 충성을 맹세하여 내가 승리하기까지 주 은혜로 싸우리 주님의 용사된 내게 주의 일 맡기소서

생각으로의 초대

노인은 생물학적, 생리학적, 심리학적으로 개인 간에 차이는 있지만 젊은 세대에 비해 육체적, 정신적 기능이 쇠퇴하는 시기입니다. 그래서 일반적으로 노인은 젊은이들보다 인지능력이 감퇴한다고 생각하는 경우가 많습니다. 하지만 학술지 '현대생물학'을 통해 발표된 와타나베 타케오 박사(브라운대학교)의 연구에 따르면 노인들이 젊은 사람들보다 오히려 시각적 정보를 통한 학습에 있어서는 더 뛰어난 인지능력을 보인다고 합니다. 노인이라고 해서 모두가 인지능력이 떨어지는 것은 아닙니다.
마이클 람스카어 교수(튀빙겐대학교)는 노인들의 두뇌가 느린 이유를 이미 많은 것을 알고 있기 때문이라고 밝혔습니다. 노인의 두뇌가 약해지는 것이 아니라 단지 너무나 많은 것을 알고 있기 때문에 느려졌다는 것입니다. 나이가 들수록 지식을 기억하는 것에는 한계가 있을 수 있으나, 가지고 있는 지식을 활용하는 데 있어서는 더 뛰어난 능력을 보일 수 있다는 뜻입니다. "노인의 두뇌는 다만 느려지고 있을 뿐이다. 느리다고 못하란 법은 없다." (2014.12.08, ScienceTimes)

말씀으로의 초대

나보다 나를 더 잘 아시는 하나님

"내가 이르되 슬프도소이다 주 여호와여 보소서 나는 아이라 말할 줄을 알지 못하나이다 하니"(6절). 이는 하나님의 부르심을 사양하는 예레미야의 대답입니다. 예레미야는 선지자의 사명을 맡기 두려워합니다. 아직 그 책무를 담당할 준비가 되어 있지 않다고 생각했기 때문입니다. 자신의 능력으로는 그 사명을 도저히 감당할 수 없다고 생각했습니다. 그러나 하나님께서 이렇게 말씀하셨습니다. "내가 너를 모태에 짓기 전에 너를 알았고 네가 배에서 나오기 전에 너를 성별하였고 너를 여러 나라의 선지자로 세웠노라"(5절). 하나님은 예레미야를 너무도 잘 알고 계셨습니다. 그럼에도 불구하고 예레미야를 택하셨습니다. 예레미야는 그 사명을 피할 수가 없었습니다. 하나님께서 친히 택하셔서 부어 주신 것이기 때문입니다.

우리는 하나님의 부르심을 두려워할 수밖에 없습니다. 하나님의 사명을 감당하며 살아가는 것이 결코 쉽지 않기 때문입니다. 그런 우리를 하나님은 너무도 잘 아십니다. 그냥 아시는 게 아니라 우리를 친히 지으신 분으로서 속속들이 아십니다. "너희에게는 머리털까지 다 세신 바 되었나니"(마 10:30). 그렇게 우리의 어리석음과 연약함까지도 아시는 하나님께서 우리를 부르시고 사명을 맡겨 주십니다.

능력이 아닌 순종을 원하시는 하나님

하나님께서는 예레미야에게 요청하십니다(7-8절). '아이라 말하지 말라', '누구에게 보내든지 가라', '무엇을 명령하든지 말하라', '두려워하지 말라'고 하셨습니다. 또한 예레미야에게 약속하십니다(9-10절). '너를 구원하리라', '내 말을 네 입에 둘 것이라(할 말을 일러주겠다)', '너에게 많은 민족과 나라를 다스릴 권세를 주겠다'라고 하셨습니다.

애초에 예레미야를 부르신 하나님은 그의 능력을 바라신 것이 아닙니다. 다만 그의 순종을 요구하셨습니다. 하지만 예레미야는 하나님의 부르심에 순종하기를 머뭇거렸습니다. 자신의 능력으로 하려고 했기 때문입니다. 하나님의 명령과 약속보다는 자신의 모습과 형편이 더 크게 보였기 때문입니다.

만약 우리도 자신의 모습만 본다면 예레미야처럼 두려워하고 머뭇거릴 수밖에 없을 것입니다. 우리의 능력으로 무엇을 해야 한다면 우리가 할 수 있는 것은 없을 것입니다. 그러나 우리를 부르시는 하나님은 우리의 지혜나 능력이 아니라, 순종을 원하십니다. 우리는 약함을 핑계삼지 말고 약할 때 강함되시는 하나님을 믿고 순종해야 합니다. 눈에 보이는 형편과 사람이 아니라 하나님과 그의 말씀에 순종해야 합니다.

우리가 안다고 생각하는 것이 오히려 올무가 되지 않습니까? 자기의 지식과 경험이 오히려 인생을 머뭇거리게 하고 두렵게 하지 않습니까? 우리는 스스로 알고 있는 자신보다 훨씬 더 위대한 점이 자신에게 있다는 사실을 망각한 채 살고 있다는 사실을 알아야 합니다.

삶으로의 초대

예레미야는 스스로 부족하다고 여겼지만, 하나님은 그와 늘 함께하셔서 가르쳐 주시겠노라고 하셨습니다. 우리에게는 하나님께서 주신 좋은 성품과 달란트가 많습니다. 다만 발견하지 못했을 뿐입니다. 이제 하나님께서 내게 주신 달란트를 찾아 봅시다. 그리고 함께 나누어 봅시다.

잘 할 수 있는 것	그것으로 할 수 있는 일
예) 청소하기 예) 칭찬하기	예) 주일 아침 교회 마당청소하기 예) 결석자 전화 심방하기

기도로 아뢰기와 주기도

선한 목자 되신 하나님, 감사합니다. 돌아보면 참 많은 일과 경험을 하였습니다. 그런데 요즘은 점점 더 자신이 없어집니다. 도전하기가 두렵고 걱정이 됩니다. 젊었을 때는 그렇지 않았는 데 말입니다. 주님, 제가 필요한 곳이 있을까요? 제가 할 수 있는 것이 있을까요? 가르쳐 주시고 인도해 주십시오. 순종하여 따르겠습니다. 예수 그리스도의 이름으로 기도합니다. 아멘.

제10과 여호와의 말씀을 들을지어다

주안점 / 어떤 절망적인 상황일지라도 하나님의 말씀이 선포되는 곳에는 생명의 역사가 일어납니다.

오늘의 믿음구호 외치기 _ "하나님의 말씀이 선포하는 곳, 생명의 역사가 일어납니다."

본문말씀 _ 에스겔 37:1~14

"또 내게 이르시되 너는 이 모든 뼈에게 대언하여 이르기를 너희 마른 뼈들아 여호와의 말씀을 들을지어다" (4절).

함께 부르는 찬송 _ 찬송가 83장 1절

1. 나의 맘에 근심 구름 가득하게 덮이고 슬픈 눈물 하염없이 흐를 때 인자하고 부드러운 음성으로 부르사
나를 위로할 이 누가 있을까 주 예수 주 예수 주 예수밖에 누가 있으랴 슬퍼 낙심될 때에
내 친구 되시는 구주 예수밖에 다시 없도다

생각으로의 초대

세계 주요국 국내총생산(GDP) 순위에 따르면, 우리나라는 11조 6,194억을 기록하며 12위를 차지했습니다(연합뉴스, 2018년 기준). 그러나 산업안전보건연구원의 조사에 따르면, 우리나라는 OECD 국가 중 출산율은 제일 낮고, 어린이들과 청소년들의 행복지수도 제일 낮은 것으로 밝혀졌습니다. 뿐만 아니라 연간 노동시간은 33개국 중 2위로 OECD 최고수준이나 가계 부채는 높은 편이며, 9년째 OECD 자살률 1위라는 오명과 가장 높은 노인 빈곤율을 보이고 있습니다.

높은 국내총생산(GDP)을 기록하면서도 이러한 결과가 나타나는 이유는 무엇일까요? 도대체 행복한 삶의 조건이란 무엇인지 나누어 보세요.

말씀으로의 초대

생명의 역사는 하나님께 달려 있습니다.

하나님은 에스겔을 뼈들로 가득한 골짜기에 데리고 가셨습니다. 에스겔은 이곳에서 매우 많은 뼈들과 그 뼈들이 심히 말라 있는 것을 봅니다. 뼈들이 심히 말랐다는 것은 너무 오래되어 이제는 소생할 희망이 아주 없음을 말해 주고 있습니다. 그리고 뼈들이 매우 많다는 것은 이스라엘 민족 전체를 가리키는 것으로 당시 이스라엘 민족의 현실을 그대로 반영하고 있습니다. 당시 포로 신분으로 살아가고 있는 이스라엘 민족은 어떤 희망도 품지 못할 정도로 힘든 삶을 살고 있었습니다.

이 마른 뼈들이 능히 살 수 있겠느냐는 하나님의 물으심에 에스겔은 주 여호와께서 아신다고 고백합니다. 상식적으로 보면 불가능한 일이지만 하나님이 원하시면 살리실 수 있다는 믿음의 고백입니다. 이 고백의 초점은 하나님의 권능에 있습니다. 마른 뼈의 운명은 그 뼈가 얼마나 말랐는지, 어느 정도 소생 가능성이 있는지에 달려 있지 않습니다. 조건과 상황이 어떠하든 하나님이 살리시면 살 것이고, 하나님이 버리시면 마른 채로 남아 있을 것입니다. 우리가 하나님의 능력을 예단하지 않고 믿음으로 바랄 때 하나님이 일하기 시작하실 것입니다.

지금 생명력이 없어 보일지라도 현실만 바라보고 절망할 필요는 없습니다. 우리의 소망과 미래는 열심 있고 유능한 성도나 지도자에게 있는 것이 아니라 오직 하나님께 달려 있습니다. 이 땅과 교회가 마른 뼈와도 같은 상황에 처해 있을지라도 하나님의 권능을 간절히 구하고 믿음의 고백을 드려야 합니다.

하나님의 말씀이 선포되는 곳에 생명의 역사가 일어납니다.

에스겔이 여호와의 명령대로 마른 뼈들을 향해 말씀을 대언합니다. 그는 마른 뼈들에게 생기가 들어가고 그것들이 다시 살아나기를 여호와의 이름으로 선포했습니다. 그러자 뼈와 뼈가 서로 연결되고 살이 오르고 힘줄이 생겨났습니다. 거기에 생기가 공급되자 마른 뼈들이 다시 살아나 거대한 군대를 이루었습니다. 에스겔 선지자에게는 그런 능력이 없었지만 여호와 하나님의 말씀을 대언했을 때 마른 뼈들이 살아나 군대를 이루는 광경을 목격하게 되었습니다. 천지만물이 주님의 말씀으로 창조된 사실에서 알 수 있듯이 말씀의 능력은 무한합니다. 여호와의 명령대로 말씀을 대언하자 뼈들이 연결되고 힘줄과 살과 가죽이 생겨나며 생기가 들어갔습니다.

설교는 하나님의 말씀을 대언하는 것입니다. 그래서 능력이 있습니다. 마른 뼈와 같은 교회와 세상에 다시금 생기를 불어넣을 수 있는 능력이 설교에 있습니다. 그 능력은 설교가 오직 주님의 말씀을 대언하는 것일 때에만 발휘됩니다. 에스겔 자신의 말이었다면 결코 일어나지 않았을 일입니다. 설교자 자신의 생각이나 세상적인 지혜가 아니라 오직 주님의 말씀을 대언할 때 비로소 그 말씀을 통해 하나님이 일하십니다. 설교자는 하나님의 말씀을 대언하고, 듣는 자는 설교자의 권위를 인정해야 합니다. 말씀을 전하는 자와 듣는 자 모두 영적인 분별력을 구하며 하나님이 무엇을 말씀하시는지 잘 듣고 전할 때 생명의 역사가 일어납니다. 하나님 말씀이 전해지는 곳에 역사가 일어납니다.

삶으로의 초대

생명의 능력이 있는 말씀 암송하기

자손들에게 유언으로 전해 주고 싶은 성경구절을 찾아 외우고 서로 점검해 봅시다. 그리고 이 주간 동안 실천해 봅시다.

기도로 아뢰기와 주기도

사랑의 하나님, 마른 뼈와 같은 저희를 부르셔서 하나님의 말씀을 듣고 영원한 생명을 얻게 하시니 감사합니다. 이 땅과 교회가 다시 한 번 말씀으로 충만하여 생기가 넘치게 하옵소서. 저희들이 말씀으로 잘 훈련 받아 하나님의 말씀을 대언하는 삶을 살게 하옵소서. 예수 그리스도의 이름으로 기도합니다. 아멘.

제11과 하나님 앞에서 겸손하게

주안점 / 역사의 흥망성쇠가 하나님의 손안에 있음을 기억하고 하나님의 뜻을 따라 살아야 합니다.

오늘의 믿음구호 외치기 _ "겸손하게 삽시다"

★ 본문말씀 _ 다니엘 5장 17~31절

"벨사살이여 왕은 그의 아들이 되어서 이것을 다 알고도 아직도 마음을 낮추지 아니하고"(22절).

★ 함께 부르는 찬송 _ 찬송가 424장 1절

1. 아버지여 나의 맘을 맡아 주관하시고 완악하고 교만한 것 변케하여 주소서

생각으로의 초대

미국의 남북전쟁에서 북부 연합군에게 승리를 가져다주었던 율리시스 S. 그랜트(Ulysses S. Grant)와 윌리엄 테쿰세 셔먼(William Tecumseh Sherman)은 친구 사이로 미국에서 가장 존경받는 인물이자 중요한 인물이었습니다. 이 두 사람은 전쟁 이후 제각기 다른 길을 걸어갑니다. 셔먼은 공직에 나서라는 제안을 받았지만 자신은 원하는 것을 이미 모두 가지고 있다며 모든 제안을 거절했습니다. 그는 은퇴 후 남은 삶을 행복하고 만족스럽게 보냈습니다.
한편 그랜트는 대통령이 되고 싶었습니다. 실제로 압도적인 지지를 받으며 대통령이 되었으나 정치에 특별한 관심을 보이지 않았고 정치를 할 줄 몰랐기에, 그가 이끈 정부는 미국 역사상 가장 부패하고 싸움만 일삼았던 무능한 정부로 손꼽힙니다. 그는 선하고 충성스러운 사람이었지만 워싱턴 정가에는 맞지 않는 인물이었고, 그 바람에 그는 너무도 쉽고 빠르게 망가지고 말았습니다. 그랜트가 두 번에 걸친 임기를 힘겹게 마치고 퇴임할 때 그의 뒤에는 온갖 비방과 논란이 남았습니다.

나는 지금까지 어느 길을 걸어왔다고 생각합니까?

말씀으로의 초대

모든 역사는 하나님 손안에 있습니다.

메대와 바사의 군대가 바벨론 성을 포위하고 있는 데도 불구하고 벨사살 왕은 기고만장하며 그날도 귀족 천 명을 위하여 연회를 베풀었습니다(1절). 연회의 분위기가 무르익자 벨사살 왕은 예루살렘 성전에서 탈취한 그릇들을 가져오게 하여 술을 부어 마시고 우상을 찬양했습니다(2-4절). 그때 갑자기 사람의 손가락이 나타나 석회벽에 글을 쓰기 시작했습니다. “메네 메네 데겔 우바르신” 연회장은 순식간에 얼음장처럼 얼어붙었고 너무 놀라 혼비백산한 왕은 박사와 술객들과 점치는 자들에게 그 뜻을 물었으나 해석하지 못했습니다. 그때 왕비의 조언을 들은 벨사살 왕은 다니엘을 부릅니다. 풀이해 주면 많은 예물과 상급과 높은 직책을 주겠다고 다니엘에게 왕이 제안하지만 거절합니다. 그는 하나님의 말씀은 물질로 살 수 없는 것임을 분명히 했습니다.

글을 해석하기 전에 다니엘은 왕에게 선왕 느부갓네살에 대한 이야기를 먼저 꺼냅니다. 그는 막강한 권력을 가진 왕이었지만 하나님의 징계를 받아 짐승처럼 살다가 하나님의 주권과 권능과 위엄을 깨달은 후 회복되었던 사실을 언급합니다. 다니엘이 이런 이야기를 하는 이유는 바벨론의 최고 전성기를 이끌던 느부갓네살에게 능력과 지혜를 허락하신 분이 바로 벨사살 왕이 무시한 유대 민족의 하나님임을 밝히기 위해서입니다. 지금도 하나님은 온 세상을 통치하고 계십니다. 모든 민족의 흥망성쇠가 하나님의 손안에 있습니다. 또한 모든 개인의 삶도 하나님의 손안에 있습니다. 우리는 이 사실을 기억하고 하나님의 통치 안에서 그분의 뜻을 따라 살아야겠습니다.

교만하면 멸망합니다.

다니엘은 벨사살의 명을 받고 해석을 시작합니다. 그 뜻은 "세어 보고 또 세어 보아도, 달아 보아도 부족하여 나뉘어졌다."라는 뜻이었습니다. '메네'는 '숫자를 세다'는 의미로 하나님이 이미 왕의 나라를 세어 보셨다는 뜻입니다. '메네 메네' 두 번 반복한 것은 하나님이 셈하시고 또 세어 보았다는 것을 강조한 것입니다. 하나님의 셈은 틀림이 없습니다. '데겔'은 '무게를 달아 보니 부족하다' 즉, 하나님이 왕을 저울에 달아 보니 부족함이 보였다는 뜻입니다. 하나님의 저울은 틀림이 없습니다. 사람들은 외모로 평가하지만 하나님은 중심을 달아보십니다. '우'는 접속사 '그리고'의 의미이며 '바르신'은 페레스의 복수형으로 '나누다', '깨뜨리다'라는 뜻입니다. 왕을 저울에 달아 보자 함량미달이니 왕의 시대와 나라를 깨뜨려 메대와 바사 사람에게 나라를 넘겨주신다는 말씀입니다.

다니엘은 해석하기 전에 벨사살 왕의 어리석음을 지적합니다. 그는 선왕 느부갓네살의 일을 들었지만 교만하여 예루살렘 성전 기명에 술을 따라 마셨으며 생명이 없는 피조물들을 숭배했습니다. 그는 선왕의 행적을 통해 권력의 근원이 무엇인지 알았지만 하나님을 무시했습니다. 그 결과 벨사살은 멸망이라는 비운을 당하게 되었습니다. 느부갓네살이나 벨사살이 하나님으로부터 심판을 당하는 이유는 단 하나입니다. 하나님을 인정하지 않고 인간의 힘으로 모든 것을 이룰 수 있다는 교만

때문이었습니다. 세계 역사의 배후에는 절대자 하나님의 섭리가 작용하고 있습니다. 우리는 다양한 형태의 여러 사건들을 통해 하나님의 뜻을 깨달아야 합니다. 또한 하나님의 경고와 권면을 무시하지 말고 받아들이며 순종해야 합니다.

본문에는 하나님을 무시하고 교만하게 살아 하나님의 심판 앞에 서는 벨사살과 하나님을 경외하며 하나님의 뜻을 이루며 사는 다니엘이 있습니다. 우리는 누구의 길을 따라가고 있습니까?

삶으로의 초대

매일 잠언을 한 장씩 읽으며 '교만'에 관한 말씀을 찾아 노트에 적고, 마음에 새겨 봅시다.

기도로 아뢰기와 주기도

역사의 주관자이신 하나님, 우리가 소유하고 누리고 사는 일로 교만하였던 삶을 회개합니다. 우리에게 주신 것이 모두 하나님의 은혜임을 알고 가진 소유와 자리로 겸손히 섬기는 삶을 살게 하옵소서. 예수 그리스도의 이름으로 기도합니다. 아멘.

제12과 내 백성이 지식이 없어 망하는도다

주안점 / 백성들이 제사장들을 따라 타락한 것처럼 앞사람이 바르게 가야 뒷사람이 바르게 삽니다.

오늘의 믿음구호 외치기 _ "내가 먼저 바르게 가겠습니다!"

★ 본문말씀 _ 호세아 4:6~10

"내 백성이 지식이 없으므로 망하는도다……네가 네 하나님의 율법을 잊었으니 나도 네 자녀들을 잊어버리리라"(6절).

★ 함께 부르는 찬송 _ 찬송가 452장 1절

1. 내 모든 소원 기도의 제목 예수님 닮기 원함이라 예수님 형상 나 입기 위해 세상의 보화 아끼잖네
예수님 닮기 내가 원하네 날 구원하신 예수님을 내 마음 속에 지금 곧 오사 주님의 형상 인치소서

'순천시 평생학습관 한글작문교실 초등반' 학생들의 책 「우리가 글을 몰랐지 인생을 몰랐나」에 나오는 글입니다.

나의 꿈(김덕례)

결혼하기 전에 꿈은
양장점을 하는 것이었습니다.
예쁘게 수를 놓고 밥상보 베갯잇을 만들어
사람들에게 나눠주는 것도 꿈이었습니다.
그런데 시집을 빨리 가서 그 꿈을 이루지 못했습니다.

결혼을 해서 꿈은
남편이 술을 끊는 게 꿈이었습니다.
날마다 고주망태 남편이 싫었습니다.
남편은 오랜 세월 술을 마시다 돌아가셨습니다.

지금 내 꿈은
아픈 딸이 건강하게 잘 사는 것입니다.

앞으로 내 꿈은
죽는 날까지 요양원 안 가고 사는 것입니다.

어렸을 때부터 갖고 있던 나의 꿈은 무엇이었나요? 그 꿈은 어떻게 되었으며, 지금은 어떤 꿈이 있나요? 그 꿈을 이루기 위해서 내가 힘써야 할 일은 무엇일까요?

하나님을 아는 지식이 없으면 망합니다.

북이스라엘은 '하나님을 아는 지식'이 없어서 망했습니다. '하나님의 말씀에서 떠나 있어서' 망했습니다. 하나님을 아는 지식이 가장 탁월해야 할 사람들이 제사장입니다. 하나님을 아는 지식, 즉 하나님의 말씀을 가르쳐야 할 사람들이 제사장입니다. 그런데 제사장이 하나님을 아는 지식과 율법을 잊었습니다. 그래서 하나님께서 제사장들을 버렸습니다. 제사장만 아니라 그의 자손들, 이스라엘 백성들 전체를 하나님께서 잊어버리겠다고 말씀하십니다. 이스라엘에 대한 멸망 선포입니다. 나라가 번영하고, 백성들의 삶이 부유해질수록 이스라엘은 하나님께 더 범죄했습니다. 하나님을 떠나 우상숭배했습니다. 특히 제사장들은 백성들의 속죄제물을 먹고 살았기 때문에 백성들이 범죄하기를 바라고 부추기기까지 했습니다. 백성들은 이런 제사장들로부터 잘못된 가르침을 받았습니다. 그래서 하나님의 징벌을 받아 망합니다. 먹어도 배부르지 않았습니다. 끊임없는 탐욕에 사로잡혀 살았습니다. 자손도 늘지 않았습니다. 여호와 하나님을 버리고 따르지 않았기 때문입니다. 하나님을 아는 지식이 없으면 망합니다.

신앙은 보고 따라가는 것입니다.

예수님께서 말씀하셨습니다. "내가 곧 길이요 진리요 생명이니 나로 말미암지 않고는 아버지께로 올 자가 없느니라"(요 14:6). 길이신 예수님을 따라가는 것이 신앙입니다. 예수님의 삶을 보고 따라가는 것이 신앙입니다. 예수님께서 제자들을 부르실 때 이렇게 말씀하셨습니다. "나를 따라 오라"(마 4:19). 믿음의 사람 안에 예수님이 계십니다. "내가 그리스도와 함께 십자가에 못 박혔나니 그런즉 이제는 내가 사는 것이 아니요 오직 내 안에 그리스도께서 사시는 것이라"(갈 2:20). "너희는 너희가 하나님의 성전인 것과 하나님의 성령이 너희 안에 계시는 것을 알지 못하느냐 누구든지 하나님의 성전을 더럽히면 하나님이 그 사람을 멸하시리라 하나님의 성전은 거룩하니 너희도 그러하니라"(고전 3:16-17). 믿음의 사람 안에 계신 예수님과 성령님을 보고 따라가는 것이 신앙입니다.

본문의 제사장들은 몸 성전관리를 제대로 하지 못했습니다. 탐욕에 눈이 어두워 그들 안에 있는 하나님을 버렸습니다. 백성들이 더 이상 제사장을 보고 배울 것이 없었습니다. 백성들도 덩달아 타락했습니다. 우상숭배했습니다. 하나님의 징벌을 받아 함께 망했습니다. 그러므로 우리는 꿈을 꿔야 합니다. "앞사람인 내가 먼저 바르게 가겠습니다!" "하나님을 아는 지식을 키우겠습니다!" "뒷사람, 후손들이 내 안에 계신 예수님을 보고 따라가게 하겠습니다." 이것이 우리의 꿈이 되어야 합니다.

하나님을 아는 지식을 키우기 위해서 내가 할 수 있는 일은 무엇일까요?

삶으로의 초대

'하나님을 아는 지식을 키우는 꿈'을 이루기 위한 십계명을 작성해 봅시다.

진행방법

① 각자 십계명을 작성합니다.
② 반 전체가 모여 의논하여 '우리 반 공동 십계명'을 채택합니다.
③ 전체가 모인 데서 발표합니다.
④ 실천을 위해 기도합니다.

예) 제 1계명, 성경을 하루에 10장 읽겠습니다. 제 2계명, 주일 설교 말씀을 잘 듣고, 은혜 받은 말씀을 가족이나 이웃에게 '3분 스피치'하겠습니다.

기도로 아뢰기와 주기도

하나님 아버지! 저에게 꿈을 주시니 감사합니다. 하나님을 아는 지식을 키우는 꿈을 갖게 하시니 감사합니다. 내 삶이 예수님으로 가득한 삶이 되기를 원합니다. 내가 하는 생각이나 언어나 행실이 예수님 닮기를 원합니다. 그래서 후손들이 내 안에 계신 예수님을 보고 예수님을 따라가게 하옵소서. 예수 그리스도의 이름으로 기도합니다. 아멘.

제13과 하나님이 주신 비전으로!

주안점 / 70년 동안 포로였던 이스라엘 민족을 다시 회복시키시는 하나님의 비전을 알아야 합니다.

오늘의 믿음구호 외치기 _ "하나님이 주신 비전을 따라 살아가겠습니다!"

★ 본문말씀 _ 에스라 1:1~11

"이스라엘의 하나님은 참 신이시라 너희 중에 그의 백성 된 자는 다 유다 예루살렘으로 올라가서 이스라엘의 하나님의 여호와의 성전을 건축하라 그는 예루살렘에 계신 하나님이시라"(3절).

★ 함께 부르는 찬송 _ 찬송가 459장 1절

1. 누가 주를 따라 섬기려는가 누가 죄를 떠나 주만 따를까 누가 주를 섬겨 남을 구할까
누가 주의 뒤를 따라 가려나 부르심을 받아 주의 은혜로 주를 따라 가네 주만 따르네

생각으로의 초대

백여 년 전 미국 시카고에 대화재가 발생했습니다. 모두가 타 버려서 비탄에 빠져 있을 때 한 가게에 이런 방이 붙어 있었습니다. "우리 가게가 이번에 몽땅 불에 타버렸습니다. 그러나 우리의 비전은 아직 타지 않았습니다. 그래서 우리는 내일부터 정상 영업을 하겠습니다." 내용을 보면 참 어처구니없는 것입니다. 물건이 몽당 불타 버렸는데 무엇을 팔겠다는 것입니까? 그런데 그것이 아닙니다. 그들에게는 비전이 있습니다. 그 누구도 비전을 빼앗아 가거나 태워 버릴 수 없습니다.

나에게도 아직 타 버리지 않은 비전이 있습니까?

말씀으로의 초대

구원의 기쁨이 있어야 합니다.

고대 근동지역에 주인이 바뀌었습니다. 바벨론 제국을 정복한 페르시아의 고레스 황제는 포로로 잡혀가 살고 있는 사람들에게 원하는 자는 누구든지 자기 조상의 나라로 돌아갈 수 있도록 허락했습니다. 이스라엘의 경우에는 하나님을 위한 성전도 건축할 수 있도록 허락했습니다. 이는 일종의 해방이었습니다. 그래서 유대인들은 기뻤습니다. 해방의 기쁨을 맛보았고, 새롭게 시작할 가능성을 얻었습니다.

그렇다면 진정한 해방, 진정한 구원은 무엇일까요? "우리는 그리스도 안에서 그의 은혜의 풍성함을 따라 그의 피로 말미암아 속량 곧 죄사함을 받았느니라"(엡 1:7). 진정한 해방, 진정한 구원은 예수님을 믿고 받게 되는 구원입니다. 예수님을 구주로 믿고 나면 과거의 죄 된 삶이 사라지고, 과거에 나를 짓누르며 나의 발목을 잡는 모든 것들이 사라지기 때문에 기쁨으로 새롭게 시작할 수 있습니다.

예수님은 우리의 죄를 대신 감당하시기 위해서 십자가를 지셨습니다. 예수님은 십자가에서 돌아가셨고, 죽은 지 사흘만에 부활하셔서 예수 믿는 모든 자들에게 부활의 소망을 주셨습니다. 그것은 우리의 소망이요, 믿음입니다. 이 믿음이 모든 것입니다. 여러분은 예수님께서 여러분의 구세주이신 것을 믿습니까? 이 사실을 믿을 때 우리는 영생을 선물로 받습니다. 예수 믿는 자는 하나님의 자녀가 되고, 천국의 백성이 됩니다. 그래서 신앙인의 삶에 감사가 있고 감격이 있습니다. 구원의 감격과 기쁨을 어찌 설명할 수 있겠습니까? "하늘을 두루마리 삼고 바다를 먹물 삼아도 한없는 하나님의 사랑 다 기록할 수 없겠네. 하나님의 크신 사랑, 그 어찌 다 쓸까! 저 하늘 높이 쌓아도 채우지 못하리."

비전과 과업이 있어야 합니다.

하나님의 감동을 받은 고레스 왕은 이스라엘 백성들로 하여금 여호와의 전을 건축하라고 했습니다. 여호와의 전, 성전을 건축하라는 것은 무엇입니까? 당장 먹고 사는 것이 급한 것 같지만, 비전이 없으면 매일 똑같은 삶만 반복하게 됩니다. 성전 건축은 그들에게 비전을 주는 일입니다. 옷은 남루하고, 먹을 것은 부족하고, 집은 초라해도, 그들이 감히 거룩하신 하나님의 성전을 건축할 수 있다는 생각은 그들을 스스로 살 가치가 있는 존재라고 생각하게 했을 것입니다. 과거에는 다른 나라에 망한 포로였지만, 앞으로는 하나님의 복을 누리며 사는 당당한 백성이 될 것이라는 소망을 갖게 했습니다. 에스라와 함께 귀환했던 사람들은 하나님의 성전을 건축하여 새로운 역사를 만들었습니다. 비참한 포로민의 삶을 청산하고, 조상들이 섬겨왔던 하나님에 대한 예배를 회복하여 새 시대의 정신을 확립했습니다. 그들은 자기 시대를 책임진 역사의 주역으로 후손들에게 큰 빛을 남겼습니다.

오늘 우리는 어떻습니까? 귀환한 포로들과는 달리 훨씬 많은 것을 누리고 있는 우리들인데, 소망보다는 절망과 낙심에 기울어져 있지는 않습니까? 하나님은 우리에게 큰 비전을 주셨습니다. 우리가 처한 환경은 훨씬 더 풍요롭습니다. 더 많은 가능성이 우리 앞에 있습니다.

우리에게는 어떤 비전이 있습니까? 어떤 과업이 있습니까? 하나님께서 특별히 우리 한 사람, 한 사람에게 맡기신 사명이 무엇일까요?

삶으로의 초대

하나님께서 나에게 남겨 주신 비전은 무엇인지 옆 사람과 나누어 봅시다.

기도로 아뢰기와 주기도

포로된 이스라엘 민족을 해방시켜 다시 비전을 주신 하나님! 절망 가운데 있는 우리들의 소망이 다시 일어서게 하여 주시옵소서. 아직 주님을 위해서 할 일이 있을 믿음의 눈을 들어 보게 하옵소서. 예수 그리스도의 이름으로 기도합니다. 아멘.

제14과 하나님의 나라를 위하여

주안점 / 남은 생애를 하나님과 함께 하나님의 역사를 만들어 가야 합니다.

오늘의 믿음구호 외치기 _ "하나님을 위하여 하나님과 함께 하나님의 역사를 이룹시다."

★ 본문말씀 _ 에스라 3:8~13

"찬양으로 화답하며 여호와께 감사하여 이르되 주는 지극히 선하시므로 그의 인자하심이 이스라엘에게 영원하시도다 하니 모든 백성이 여호와의 성전 기초가 놓임을 보고 여호와를 찬송하며 큰 소리로 즐거이 부르며"(11절).

★ 함께 부르는 찬송 _ 찬송가 216장 4절

4. 만 가지 은혜를 받았으니 내 평생 슬프나 즐거우나 이 몸을 온전히 주님께 바쳐서 주님만 위하여 늘 살겠네 아멘

생각으로의 초대

할아버지 한 분이 자신의 지나 온 생애를 돌아보며 이런 생각을 하게 되었습니다. "내 생애가 끝날 때 남는 것은 무엇일까? 이런 생각을 하긴 싫지만, 아침에 현관문을 열고 나가며 가족과 나눈 익숙했던 인사가 이 생애에서의 마지막 인사가 될 수도 있겠지! 만약 지금 죽는다면 나에게 남는 것은 무엇일까? 재산? 가족 명의로 된 보험들? 그런 건 남아 있는 가족들의 몫일 뿐이고, 내가 죽을 때 함께하는 것은 내가 살아 온 삶의 흔적에 대한 기억뿐이겠지. 그리고 세상에 남은 사람들에게 남는 것도 궁극적으로는 나의 삶에 대한 추억뿐일 거야. 나는 어떤 기억으로 세상을 떠나고 사람들에게 어떤 사람으로 되어야 할까?"

여러분은 사람들에게 어떤 사람으로 기억되고 싶으십니까?

말씀으로의 초대

하나님께서 예레미야 선지자를 통해 이미 선포하신 대로 하나님의 백성이 바벨론에 포로로 끌려간 지 70년 만에 귀환하게 됩니다(스 1-6장). 총독 스룹바벨과 제사장 예수아는 포로 귀환자들 4만 9,897명을 이끌고 예루살렘으로 돌아와 무너진 성전을 건축하기 시작합니다. 새로운 하나님의 역사가 시작된 것입니다. 우리도 하나님의 나라를 위해 함께 역사하는 사람이 되어야 합니다.

하나님 앞에 돌아온 자들이 역사를 시작할 수 있습니다.

본문 8절 말씀을 보면 모든 것이 무너져 내린 예루살렘으로 돌아온 자들이 역사를 시작하였습니다. 그들의 이름이 누구인지 성경에 기록되어 있지 않지만, 분명한 사실은 하나님의 역사에 함께한 사람들은 하나님께 돌아온 사람들을 통해 이뤄졌다는 것입니다. 자신의 삶에 절망하고 좌절하며 불평 불만하는 사람들이 아니라 하나님께 돌아온 사람들, 하나님의 말씀 앞에 나아온 사람들, 하나님의 살아 계심과 선하심과 일하심을 믿고 고백하는 사람들을 통해 하나님의 새로운 역사가 이루어지는 것입니다. 우리들도 마찬가지입니다. 지금의 상황이 아니라 하나님께 돌아가

말씀 앞에서 하나님을 믿는 믿음 안에서 나아갈 때 하나님과 함께 하나님의 역사를 새롭게 써 내려갈 것입니다.

하나님의 역사를 이뤄 가기 위해 각자의 역할을 성실히 감당해야 합니다.

본문 10절에 건축자는 건축자의 일을, 제사장은 제사장의 일을, 아삽 자손 레위 사람들은 그들이 맡은 일을 하였습니다. 하나님의 역사는 결코 혼자서 이뤄 가는 것이 아닙니다. 또한 하나님의 역사를 이뤄 가는 데 젊고 능력 있는 사람들만 하는 것도 아닙니다. 요엘 2:28과 사도행전 2:17의 말씀처럼 하나님이 말씀하시기를 "말세에 내가 내 영을 모든 육체에 부어 주리니 너희의 자녀들은 예언할 것이요 너희의 젊은이들은 환상을 보고 너희의 늙은이들은 꿈을 꾸리라" 하나님은 우리 모두가 하나님의 역사에 함께 참여하고 그 역사에 한 획을 긋는 사람으로 부르고 계십니다. 그리고 스룹바벨과 그의 형제들은 하나님의 말씀을 따라 성전을 재건하기 시작했습니다(스 3:2). 뿐만 아니라 제사장과 아삽 자손 레위 사람들은 다윗의 규례대로 여호와를 찬송했습니다. 우리는 하나님의 일을 하면서도 자신의 지식과 경험 등이 앞설 수 있습니다. 하지만 하나님의 역사는 내가 가진 것이 아닌 하나님의 것으로 하나님을 위해 하나님의 뜻을 따라 감당하는 것입니다.

이스라엘 백성들은 성전의 기초가 놓이는 것을 보며 여호와를 찬송하며 큰 소리로 즐거이 노래하며 그 기쁨에 못 이겨 대성통곡하고 크게 함성을 질렀습니다. 우리에게도 이런 날이 다시 오기를 소망합니다. 우리 모두가 하나님의 역사에 함께 참여하여 하나님의 영광이 더욱 빛나게 되는 그날 큰 소리로 즐거이 노래하며 기쁨으로 함성을 지르는 소리가 멀리까지 울려 퍼지게 되는 그 날을 꿈꿔 봅니다. 하나님은 우리 모두를 하나님의 역사를 위해 불러 주셨습니다.

지금의 상황이 어떠하던지 하나님을 믿는 믿음 안에서 하나님의 역사를 이뤄 가는 삶으로 나아가고 계십니까? 바라기는 훗날 사람들이 여러분을 기억할 때 하나님의 나라를 위하여 함께 역사한 사람으로 기억되시기 바랍니다.

삶으로의 초대

함께 만드는 남은 인생의 좌우명 명패 만들기

- 준비물: A4 모조지 한 장, 매직펜, 풀(테이프)

- 진행방법:

① A4 상단을 1cm 먼저 접습니다.

② 다음으로 A4의 나머지 부분을 균등하게 3등분하십시오.

③ 3등분 한가운데에 사람들에게 어떤 사람으로 기억되기를 바라는지 예시를 따라 기록합니다.

예) 나 ○○○는 사람들에게 ____________으로 기억되는 하나님의 사람입니다.

④ 상단의 접어놓은 부분에 풀칠을 하고 삼각형태의 명패를 완성합니다.

- 삶으로의 실천 활동:

① 명패의 내용을 매일 3회 이상 거울을 보며 스스로에게 다짐해 보십시오.

② 가까운 분들에게 남은 인생의 좌우명을 소개하십시오. 그리고 바라는 남은 생애를 위해 실천할 3가지를 매일 아침에 생각하고, 실천에 옮기십시오. 저녁에는 하루를 돌아보며 감사 일기를 기록해 보십시오.

③ 명패와 아울러 남은 미래 생애의 5대 뉴스 만들기를 해 보셔도 좋습니다.

기도로 아뢰기와 주기도

포로된 이스라엘 민족을 해방시켜 다시 비전을 주신 하나님! 절망 가운데 있는 우리들을 소망으로 다시 일어서게 하여 주시옵소서. 아직 주님을 위해서 할 일이 있을 믿음의 눈을 들어 보게 하옵소서. 예수 그리스도의 이름으로 기도합니다. 아멘.

제15과 느헤미야, 성벽을 재건하다

주안점 / 우리의 무너진 성벽과 이 땅의 무너진 성벽을 다시 쌓는 일에 헌신합시다.

오늘의 믿음구호 외치기 _ "함께 일어나서 우리의 무너진 성벽을 재건합시다!"

★ 본문말씀 _ 느헤미야 1:1-11

"주여 구하오니 귀를 기울이사 종의 기도와 주의 이름을 경외하기를 기뻐하는 종들의 기도를 들으시고 오늘 종이 형통하여 이 사람들 앞에서 은혜를 입게 하옵소서"(11절).

★ 함께 부르는 찬송 _ 찬송가 320장 1절

1. 나의 죄를 정케 하사 주의 일꾼 삼으신 구세주의 넓은 사랑 항상 찬송합니다
나를 일꾼 삼으신 주 크신 능력 주시고 언제든지 주 뜻대로 사용하여 주소서 아멘

생각으로의 초대

다음의 시를 읽고 느낀 점을 나누어 봅시다.

대추 한 알(장석주)

저게 저절로 붉어질 리는 없다
저 안에 태풍 몇 개
저 안에 천둥 몇 개
저 안에 벼락 몇 개

저게 저 혼자 둥글어질 리는 없다
저 안에 무서리 내리는 몇 밤
저 안에 땡볕 두어 달
저 안에 초승달 몇 날이 들어서서
둥글게 만드는 것일게다

대추야
너는 세상과 통하였구나!

당연히 때가 되면 열리는 줄로만 알았던 대추. 그 한 알이 열리기까지 수많은 인내와 인고의 시간이 필요했습니다. 하나님의 사역도 마찬가지가 아닐까요?

말씀으로의 초대

느헤미야는 무너진 성벽을 다시 쌓는 일에 헌신했습니다.

이스라엘은 주전 586년, 바벨론에 의해 나라가 멸망하고 성전이 파괴되었습니다. 또한 왕과 지도자들, 그리고 백성들이 포로로 잡혀갔습니다. 그러나 하나님이 말씀하신 대로 잡혀간 이스라엘 백성들은 바사 왕 고레스 조서로 인해 예루살렘으로 돌아오게 되었습니다. 주전 444년에 3차로 귀환한 백성들은 느헤미야의 강력한

지도력으로 52일이라는 짧은 기간에 무너진 예루살렘 성벽이 재건하였습니다. 느헤미야는 아닥사스다 왕의 신하로 있었는데 예루살렘에서 온 하나니에게서 예루살렘의 형편을 들었습니다. 예루살렘으로 돌아간 사람들이 고생하고 있고, 이방 족속들에게서 멸시와 괴롭힘을 당하고 있으며 예루살렘 성벽은 무너지고 성문들은 불탔다는 것입니다. 이에 느헤미야는 마음이 너무 아파서 하나님께 자신을 보내주시기를 간절히 기도했습니다. 하나님께서는 그의 기도를 들으시고 왕에게 은혜를 입게 하셔서, 느헤미야가 유다 총독으로 임명되어 예루살렘으로 가도록 하셨습니다. 예루살렘에 도착한 느헤미야는 이스라엘 백성들과 지도자들에게 무너진 예루살렘 성벽을 건축하여 다시 수치를 당하지 말자고 말했습니다.

우리 삶의 현장에 무너진 성벽을 다시 쌓아야 합니다.

오늘 우리의 형편과 사정은 어떤가요? 지금 우리의 성벽은 든든하게 세워져 있나요? 우리나라와 민족의 성벽은, 교회의 성벽은 든든하고 안전한가요? 우리 가정의 성벽, 나의 삶의 성벽, 내 영혼의 성벽은 든든하고 안전한가요? 우리의 대적들이 공격하지 못하고 무시하지 못할 만큼 든든하고 안전한가요? 그렇지 못하다는 것을 우리는 잘 알고 있습니다. 우리의 성벽이 무너져서 우리 대적들이 우리를 공격하고 무시하고 우습게 여기고 있습니다. 세상의 위험과 환난이 언제 몰려올지 모르는데 우리의 성벽은 여기저기 뚫려 있습니다. 무너진 우리의 성벽을 다시 쌓아야 합니다. 무너진 나라와 민족의 성벽을, 무너진 교회의 성벽을, 무너진 가정의 성벽을, 무너진 내 삶의 성벽을, 무너진 내 영혼의 성벽을 다시 쌓아야 합니다. 그래서 사탄의 공격이, 세상의 위협이, 환난이, 죄의 유혹이 들어오지 못하게 해야 합니다.

하나님께서는 무너진 성벽을 다시 쌓을 사람을 찾고 계십니다.

지금도 하나님께서 성 무너진 곳을 막아설 사람들을 찾고 계십니다. 무너진 성벽을 다시 쌓아서 하나님의 진노가 쏟아지지 않게 할 사람들을 찾고 계십니다. 민족의 무너진 성벽, 교회의 무너진 성벽, 가정의 무너진 성벽, 삶의 무너진 성벽을 다시 쌓을 사람들을 찾고 계십니다. 내가 바로 그 사람입니다. 내가 성벽의 무너진 곳을 막아서서 하나님의 진노가 임하지 않게 할 그 사람입니다. 내가 오늘의 느헤미야입니다. 내가 우리 민족과 이 땅의 교회와 우리 교회의 무너진 성벽을 다시 쌓을 사람입니다. 내가 우리 가정의 무너진 성벽을 다시 쌓을 사람입니다. 우리 모두가 오늘의 느헤미야임을 고백하고 이제 일어나서 함께 무너진 성벽을 다시 쌓읍시다.

나의 무너진 성벽은 무엇인가요? 내 주위에 삶의 성벽이 무너져서 고통당하는 사람은 없나요? 믿음의 성벽이 무너져서 힘들어하는 사람들은 없는지 생각해 봅시다.

삶으로의 초대

무너진 성벽을 다시 쌓읍시다.

– 준비물: 벽돌 모양의 기도카드

– 진행방법:

① 벽돌 모양의 종이에 자신의 기도제목을 적습니다.
② 벽돌 모양의 기도카드를 집으로 가지고 가서 일주일 동안 기도합니다.
③ 다음 모임 시, 벽돌 기도카드를 가져와 성을 쌓듯 준비된 벽에 붙입니다.
④ 모임에 참여한 모든 성도들의 벽돌 카드를 벽에 붙여, 쌓여져 가는 성벽을 가시적으로 나타내도록 합니다.

기도로 아뢰기와 주기도

사랑의 하나님, 무너진 성벽을 다시 쌓기를 원하시는 하나님의 마음을 알게 하시니 감사합니다. 우리를 이 땅의 무너진 성벽을 쌓을 사람으로 불러 주시니 감사합니다. 하나님의 사랑과 약속을 믿고 일어나서 우리의 무너진 성벽과 이 땅의 무너진 성벽을 다시 쌓는 일에 헌신하겠습니다. 예수 그리스도의 이름으로 기도합니다. 아멘.

제16과 감격스런 사경회

주안점 / 영적인 회복과 부흥은 오직 하나님의 말씀으로만 이루어질 수 있습니다.

오늘의 믿음구호 외치기 _ "주님의 말씀에 귀 기울입시다!"

★ 본문말씀 _ 느헤미야 8:1~12

"에스라가 모든 백성 위에 서서 그들 목전에 책을 펴니 책을 펼 때에 모든 백성이 일어서니라"(5절).

★ 함께 부르는 찬송 _ 찬송가 200장 1절

1. 달고 오묘한 그 말씀 생명의 말씀은 귀한 그 말씀 진실로 생명의 말씀이 나의 길과 믿음 밝히 보여 주니 아름답고 귀한 말씀 생명샘이로다 아름답고 귀한 말씀 생명샘이로다

생각으로의 초대

영화 〈교회오빠〉로 잘 알려진 이 집사는 교회에서 신실한 자매를 만나서 결혼하였습니다. 그런데 딸아이를 데리고 산후조리원을 나오던 날 대장암 4기라는 것을 발견하게 됩니다. 잠시도 쉴 틈 없는 고통이 밀려오는 가운데 할 수 있는 것이라고는 날마다 기도하며 누구도 원망하지 않고 주님을 '절대' 신뢰하는 것밖에 없었습니다.
그는 어떻게 주님을 원망하지 않고 끝까지 주님을 신뢰할 수 있었을까요? 끝까지 주님을 신뢰한 그의 삶은 많은 이들에게 감동을 주었습니다.

말씀으로의 초대

하나님이 우리에게 원하시는 것은 '부흥'입니다.

하나님이 우리에게 원하시는 것이 무엇일까요? 하나님이 하나님의 백성의 모임인 교회에 무엇을 원하실까요? 하나님은 부흥을 원하십니다. 하나님이 원하시는 부흥은 외적인 부흥이 아니라 내적인 부흥, 즉 영적인 부흥입니다. 그리고 부흥은 사람이 애쓰고 노력한다고 해서 일어나는 것이 아니라 하나님께서 은혜로 주시는 것입니다. 우리가 영적 부흥을 간절히 바라고 원하고 사모하면 하나님께서 부흥을 주십니다.

느헤미야는 140년 동안 무너져 있던 예루살렘성벽을 52일이라는 짧은 기간에 다시 세웠습니다. 이방족속들에게서 많은 방해와 어려움이 있었지만 기도와 믿음으로 이겨냈습니다. 그러나 그것은 외적인 회복이었고 진정한 회복은 아직 이루어지지 않았습니다. 나라가 망하고 성전이 파괴되고 오랫동안 포로생활을 했기에 그들의 신앙은 회복되지 못했고 하나님 백성으로의 삶도 회복되지 못했습니다.

그런데 외적인 회복에 이어 내적인 부흥이 일어났습니다. 예루살렘 성벽공사를 마친 후에 백성들은 한곳에 모여서 학사 선지자 에스라가 낭독하는 하나님의 말씀을 들었습니다. 그들이 말씀을 들을 때 깨달음과 회개가 일어났고 믿음이 회복되는 영적 부흥이 일어났습니다. 이처럼 진정한 부흥은 말씀에 의해서 옵니다.

영적 부흥은 말씀을 사모하는 것에서 시작됩니다.

어떻게 그들에게 영적 부흥이 일어났나요? 그들은 하나님의 말씀을 사모했습니다. 일곱째 달에 모든 백성들이 수문 앞 광장에 모여서 학사 에스라에게 하나님의 말씀을 가져오기를 청했습니다. 그들에게 하나님의 말씀을 사모하는 마음이 있었기 때문입니다. 에스라가 하나님의 말씀을 들고 백성들 앞에 섰는데 남자와 여자와 말을 알아들을 만한 모든 사람들이 모였고 그들은 그 말씀에 귀를 기울였습니다. 이때 에스라는 새벽부터 정오까지 하나님의 말씀을 읽고 가르쳤으며 모든 백성들은 움직이지 않고 말씀을 경청했습니다. 우리가 하나님의 말씀에 귀를 기울이고 경청할 때 하나님께서 놀라운 은혜를 부어 주십니다. 레위 사람들이 백성들에게 하나님의 말씀을 가르쳐 주었을 때 그들이 다 울었는데 말씀을 듣고 자신들의 죄를 깨달았기 때문입니다. 자신들이 하나님께 범죄해서 하나님의 진노를 받았고 성전이 파괴되고 나라가 멸망했다는 것을 깨닫고 울면서 죄를 회개한 것입니다. 이처럼 하나님의 말씀을 듣고 죄를 깨닫고 회개할 때 부흥이 일어납니다.

하나님의 말씀을 듣고 하나님 앞에서 기뻐하는 것이 부흥입니다.

모든 백성이 하나님의 말씀을 듣고 울자 느헤미야와 에스라와 레위 사람들이 "오늘은 하나님의 성일이니 슬퍼하며 울지 말라" 그리고 "여호와로 인하여 기뻐하는 것이 너희의 힘이니라"고 했습니다. 우리가 기뻐할 수 있는 이유와 근거는 하나님이라는 것입니다. 삶이 힘들고 어려워도, 나는 연약하고 부족해도 하나님 때문에 기뻐하는 것이 힘이라는 뜻입니다. 하나님의 백성이 하나님 앞에서 기뻐할 때 힘이 생깁니다. 하나님이 내 하나님이신 것을 기뻐하면 힘을 주십니다. 고난과 문제가 있어도 현실과 상황에 관계없이 하나님 앞에 있는 것만으로 기뻐할 때 하나님이 힘을 주십니다.

백성들이 하나님의 말씀을 듣고 울 때 왜 느헤미야가 울지 말고 기뻐하라고 했나요? 하나님께서 은혜를 주시는 목적은 우리로 기뻐하게 하려는 것이라는 뜻입니다. 하나님의 말씀을 들으면 슬픔과 근심이 사라지고 기쁨과 즐거움이 넘치게 됩니다. 말씀을 듣고 죄를 깨닫고 울며 회개할 때 하나님께서 용서해 주시고 하나님 때문에 기뻐하게 해 주십니다. 하나님의 말씀을 듣고 하나님 앞에서 기뻐하는 것이 부흥입니다. 하나님의 말씀을 듣고 죄를 깨닫고 회개해서 용서받고 하나님 때문에 기뻐하는 것이 부흥입니다.

영적 부흥은 하나님의 말씀을 통해서 옵니다. 그러므로 나의 마음에 부흥을 원한다면 말씀의 은혜를 구하십시오. 하나님의 말씀을 사모하고 그 말씀에 귀를 기울이십시오. 그래서 죄를 깨닫고 회개하고 하나님 때문에 기뻐함으로 큰 힘을 얻고 일어나십시오.

삶으로의 초대

영적 부흥에는 나이가 중요하지 않습니다. 말씀을 묵상하며, 새로운 영적 부흥을 경험해 봅시다. 큐티 책을 구매하여 날마다 말씀을 묵상하고, 묵상내용을 조원들과 나누어 더욱 풍성한 은혜를 경험합시다.

기도로 아뢰기와 주기도

사랑의 하나님, 우리를 말씀으로 먹이시고 깨닫게 하시고 다시 부흥을 주시는 하나님께 감사합니다. 말씀 앞에서 죄를 깨닫고 회개하고 하나님 때문에 기뻐하고 하나님이 주시는 힘으로 승리하는 삶을 살게 하여 주옵소서. 예수 그리스도의 이름으로 기도합니다. 아멘.

제17과 억지로라도 전도해야 합니다

주안점 / 요나처럼 우리도 만나기 싫은 사람에게 가서 예수님을 전하는 자로 삽시다.

오늘의 믿음구호 외치기 _ "억지로라도 그리스도의 복음을 전합시다!"

★ 본문말씀 _ 요나 3:1~10

"일어나 저 큰 성읍 니느웨로 가서 내가 네게 명한 바를 그들에게 선포하라"(2절).

★ 함께 부르는 찬송 _ 찬송가 523장 1절

1. 어둔 죄악 길에서 목자 없는 양같이 모든 사람 길 찾아 헤맨다 자비하신 하나님 독생자를 보내사

너를 지금 부르니 나오라 이때라 이때라 주의 긍휼 받을 때가 이때라

지금 주께 나아와 겸손하게 아뢰라 구원함을 얻으리 얻으리

생각으로의 초대

권 할머니는 평생 유교와 불교의 분위기 속에서 살아왔습니다. 결혼하기 전에는 유교 문화권 가정에서 성장했고, 결혼한 후에는 불교 문화가 강한 시집에서 수십 년을 살아왔습니다. 하지만 얼마전부터 인근 교회에서 하는 경로대학에 참석하면서 영원한 생명의 나라인 천국에 관심을 갖기 시작했습니다.

이러한 마음을 갖기 시작한 권 할머니에게 누가, 어떻게 접근해야 할까요?

말씀으로의 초대

요나는 억지로 니느웨로 갔습니다.

하나님께서는 요나 선지자가 죄가 극에 달한 니느웨에 가서 하나님의 심판의 메시지를 전하기 원하셨습니다. 니느웨는 티그리스 강 연안에 자리하고 있던 고대 도시입니다. BC 12세기경부터 앗수르의 주요 도시가 되었고, BC 8세기경 앗수르 왕 산헤립이 이곳을 수도로 삼은 이후부터 당시 중근동에서 가장 번성하고 화려한 도시가 되었습니다. 하지만 요나는 니느웨에 가고 싶지 않았기 때문에 숨어 버릴 생각을 갖고 있었습니다. 결국 요나는 하나님의 뜻을 어기고 니느웨와 정반대인 다시스로 배를 타고 가다가 풍랑을 만나 죽을 위기에 처했습니다. 극적으로 살아난 요나에게 하나님께서는 다시 니느웨로 가서 당신의 뜻을 선포하라고 말씀하셨습니다. 요나는 이번에는 도망가지 않고 말씀에 순종하여 니느웨로 갔습니다.

앗수르는 당시 이스라엘을 괴롭히는 최대 적국이었습니다. 이스라엘 혼자만으로는 도저히 대적할 수 없는 강대국이었습니다. 그 앗수르가 죄로 말미암아 멸망하게 된다면, 이스라엘 입장에서는 그것보다 더 좋은 일이 없었습니다. 이스라엘에게 큰 위협이 되는 앗수르가 제거되기 때문이었습니다. 하지만 하나님의 경고를 받아들여 앗수르가 회개하여 구원을 받게 되면 이스라엘은 계속해서 앗수르의 침략 위협 속에 있어야 했습니다. 따라서 요나 선지자는 니느웨 사람들에게 하나님의 뜻을 전하고 싶은 마음이 없었을 것입니다. 그럼에도 불구하고 하나님의 말씀에 순종한 요나는 어쩔 수 없이 니느웨로 갔습니다.

요나의 전도로 니느웨 성은 구원을 받았습니다.

요나가 도착한 니느웨 성은 매우 큰 성이었습니다. 니느웨 성을 에워싸고 있는 성벽은 무려 약 13㎞에 이르렀다고 합니다. 성벽의 높이는 30m에 달했으며 성벽 위에는 6대의 쌍두마차가 동시에 달릴 수 있는 넓은 길이 있었습니다. 그리고 성 내부에는 병영과 무기고, 군량창고 등이 있었습니다. 한 번 도는 데 무려 3일이 걸린다고 본문 2절에 기록할 만큼 니느웨 성은 매우 넓고 큰 성이었습니다. 또한 상업이 번성하여 생활이 윤택해지자 범죄가 극심해져 니느웨 성은 하나님의 심판 대상이 되었습니다. 하지만 하나님은 니느웨 성을 구원할 목적으로 요나를 보내 회개를 선포하게 하셨던 것입니다.

결국 하나님의 뜻을 전달받은 요나는 니느웨 성으로 갔습니다. 그리고 하루 동안 니느웨 거리에서 외치면서 회개를 선포했습니다. "사십일이 지나면 니느웨가 무너질 것이다." 그런데 예상하지 못한 놀라운 일이 일어났습니다. 요나의 말을 들은 사람들과 왕이 굵은 베옷을 입었습니다. 더욱이 왕은 모든 사람들과 짐승들이 어떤 것에도 입에 대지 말고, 하나님께 부르짖으며 모든 악에서 떠날 것을 명령하는 조서를 내렸습니다. 니느웨 백성이 회개하여 악에서 떠난 것을 보신 하나님께서는 재앙을 내리지 않으시고 니느웨 백성을 구원하셨습니다. 이처럼 억지로라도 하나님의 뜻, 구원의 메시지를 전했을 때 듣고 회개의 자리로 나오는 사람은 구원을 받을 수 있습니다.

오랜 세월 동안 기도하며 전도했음에도 늘 거부해서 더 이상 예수님을 전하기 싫지만 억지로라도 복음을 전해야 할 사람이 있습니까?

삶으로의 초대

복음을 실제로 전해 봅시다.

노인을 만났을 때 복음을 전하는 방법입니다. 아래에 언급된 전도방법을 순서대로 연습해 봅시다. (총회국내선교부, 「노인전도교재」)

1. 요즘 어르신은 어떻게 지내고 계십니까? 객지에 살고 있는 자녀들로부터 자주 연락이 오나요? 함께 살고 있지 않은 아들, 딸, 손주들이 보고 싶지 않으세요?
2. 어떤 소원을 갖고 계시나요? 아무리 부모를 힘들게 해도 자녀들이 잘되기를 바라시죠? 세상을 떠난 후에도 자녀, 후손들과 함께 영원히 살고 싶지 않으세요?
3. 노년은 신체적으로, 정신적으로 연약한 존재입니다. 노쇠하다는 것은 죽음이 가까웠다는 것을 뜻합니다. 모든 사람들은 죄 때문에 죽습니다. 그래서 노쇠한 노년은 누구보다 하나님의 도우심이 필요합니다.
4. 죽음 이후에는 모든 사람들이 가야 할 세상이 있습니다. 그곳이 어디인지 알고 계십니까? 그곳은 천국과 지옥입니다.
5. 그런데 하나 밖에 없는 아들, 독생자 예수님을 구세주로 믿으면 하나님의 자녀가 될 뿐 아니라 어떤 죄라도 용서받고 천국에 갈 수 있다고 하나님은 약속하셨습니다.
6. 꼭 예수님을 믿으세요. 그러면 천국에서 자녀손들과 함께 영원히 살 수 있습니다.

기도로 아뢰기와 주기도

사랑의 하나님, 죄로 죽을 우리를 위하여 예수님을 보내 주시고 십자가에 높이 달리셔서 대신 죽게 하심을 감사드립니다. 고개를 숙이고 세상을 바라보며 살지 않게 하시고 고개를 들어 십자가의 주님을 바라보는 승리의 삶을 살게 하여 주소서. 예수 그리스도의 이름으로 기도합니다. 아멘.

제18과 믿음의 중심 잡기

주안점 / 믿음의 사람은 상황에 따라 흔들리지 않고, 소망의 하나님을 찬양하는 자들입니다.

오늘의 믿음구호 외치기 _ "모든 상황 속에서 하나님만 찬양합시다!"

★ 본문말씀 _ 하박국 3:16~19

"나는 여호와로 말미암아 즐거워하며 나의 구원의 하나님으로 말미암아 기뻐하리로다"(18절).

★ 함께 부르는 찬송 _ 찬송가 545장 1절

1. 이 눈에 아무 증거 아니 뵈어도 믿음만을 가지고서 늘 걸으며 이 귀에 아무 소리 아니들려도
하나님의 약속 위에 서리라 걸어가세 믿음 위에 서서 나가세 나가세 의심 버리고
걸어가세 믿음 위에 서서 눈과 귀에 아무 증거 없어도

생각으로의 초대

'인간사 새옹지마'라는 말이 있습니다. 이 말의 유래는 이러합니다. 옛날 어떤 고을에 지혜로운 영감님 한 분이 있었습니다. 어느 날 집에서 아끼며 기르던 말 한 마리가 도망을 갔습니다. 그때 동네 사람들이 와서 위로를 했습니다. 이 영감님이 위로하는 말을 듣고는 이렇게 말했습니다. "그것이 오히려 복이 될는지 모릅니다." 그런데 며칠 후에 도망갔던 말이 다른 말 한 마리를 데리고 집으로 돌아왔습니다. 그때 동네 사람들이 와서 축하를 했습니다. 그러자 이 영감님이 또 지혜 있는 말을 했습니다. "그게 오히려 화가 될지도 모릅니다." 아닌 게 아니라 외아들이 새 말을 타가가 그만 떨어져서 다리가 부러졌습니다. 그때 동네 사람들이 와서 크게 상심하면서 위로를 했습니다. 그러자 이 영감님이 또 말을 합니다. "이것이 전화위복이 될지도 모르는 일입니다." 그러고 나서 그 나라에 전쟁이 일어났습니다. 그때 동네의 청년들이 모두 징발되어서 전쟁에 나갔다가 죽었는데, 이 아들은 다리가 부러져서 마을에 남아 죽음을 모면했다는 것입니다. 그래서 그때부터 '인간사 새옹지마'라는 말이 생겼습니다. 이 말의 뜻은 일이 좀 잘 풀렸다고 우쭐댈 것 없고, 일이 좀 안 풀렸다고 너무 서러워하지도 말라는 뜻입니다.

말씀으로의 초대

오늘 말씀의 배경을 보면, 세상의 불의를 바라보며 신실하신 하나님께 호소하는 선지자의 기도입니다. 분명 이스라엘은 하나님께서 선택한 선민이며, 살아 계신 하나님을 섬기는 백성입니다. 그런데 지금 이스라엘은 풍전등화처럼, 세계 패권의 중심에 있습니다. 세상의 강대국들에 둘러싸여 이리저리 눈치만 봅니다. 더욱이 세상의 강대국은 패역한 일들과 불의를 자행하며 자신들의 야욕만을 위해 물불 가리지 않고 협박과 침략을 강행합니다. 세상의 어느 곳에서도 하나님의 정의와 공의가 보이지 않습니다. 하나님의 신실하심도 하나님의 인도하심도 보이지 않습니다. 그러다 보니 하나님을 향한 믿음마저도 흔들리게 됩니다(16절).

하박국은 하나님께 자신의 물음을 가지고 나아갔습니다.

이러한 상황 속에서 믿음의 사람들은 어떻게 해야 할까요? 하박국 선지자는 하나님께 자신의 물음을 가지고 나갔습니다. '새옹지마' 같은 인생으로 치부하지 않고, 하나님의 신실하심을 붙잡으며 기도했습니다. 세상의 불의에 대해 믿는 자로서 어떻게 이해하며, 어떻게 받아들여야 하는지에 대한 신앙의 질문을 하였습니다. 세상의 흐름에 자신의 상황을 내어 맡기지 않았습니다. 세상의 불의 앞에 자신의 신앙을 숨기지 않았습니다. 오히려 하나님 앞에 기도로 나아가, 믿음의 중심을 잡고자 몸부림쳤습니다. 그리고 하박국 선지자는 하나님 앞에서 찬양으로 믿음의 중심을 잡고 있습니다.

하박국은 하나님만 바라보았습니다.

하박국 선지자는 믿음의 중심을 잡기 위해 세상이 아닌 하나님만 바라봅니다. 하박국 선지자는 강대국의 침탈로 들에 소출이 없고, 밭에 먹을 것이 없고, 외양간에 가축들이 없어도(17절) 즐거워하고 기뻐하고 있습니다. 바로 '여호와'로 말미암아서 말이지요. NIV 성경을 보면 '여호와 안에서', '구원의 하나님 안에서'라고 말합니다. 하박국 선지자는 세상이 주는 상황 속에서 힘겨워하고, 두려워 떠는 것이 아니라, 우리의 구원이 되시는 여호와 하나님 안에서 기뻐하며 즐거워하겠노라고 고백합니다. 하나님만 바라보며 좌면우고하지 않겠다고 합니다. 오늘도 하나님은 우리가 상황의 늪에서 헤어나오지 못하고 발버둥치는 인생이 되길 원치 않으십니다. 오히려 하나님만 바라보며, 하나님의 신실하심을 노래하기 원하십니다. 우리가 하나님만 바라보며 나아갈 때 하나님은 우리에게 세상이 줄 수 없는 형통함을 허락하십니다. 주님의 말씀만 붙들며 하나님을 바라보며 세상에서 믿음의 행진을 하는 우리가 되길 소망합니다.

하박국 선지자는 우리의 힘이 되신 분은 하나님뿐임을 고백하며 믿음의 중심을 잡고 있습니다. 본문 19절에 하박국 선지자는 우리를 사망의 음침한 골짜기와 불의한 세상 속에서 힘이 되신 분이 여호와뿐임을 노래합니다. 사슴처럼 연약한 다리를 지니고 있어도 우리가 담대히 높은 바위를 힘차게 뛰어오를 수 있도록 힘이 되어 주심을 고백하고 있습니다. 다윗은 사울 왕에게 쫓김을 당할 때에도 자신의 힘이 되신 분은 하나님뿐임을 고백했습니다(시 18:1-3).

삶으로의 초대

감사 일기쓰기

고단한 세상길에서 우리가 여호와로 인해 기뻐할 수 있는 것은, 어려운 상황임에도 불구하고 시시때때로 우리를 먹이시고 돌보시는 하나님의 손길을 느낄 수 있기 때문입니다. 분주한 삶이지만, 매일 감사 일기를 쓰며 우리의 힘이 되어 주시고 생명이 되어 주시는 하나님의 손길을 더욱 세밀히 느껴 봅시다.

기도로 아뢰기와 주기도

신실하신 하나님! 어떤 상황에서도 굳건한 믿음으로 흔들리지 않고 하나님이 기뻐하시는 믿음을 소유하기를 소망합니다. 그리하여 세상에 나가 승리하는 인생이 되게 하소서. 우리의 찬양이 되신 예수 그리스도의 이름으로 기도합니다. 아멘.

부활절-사연을 가슴에 묻은 신앙고백

주안점 / 예수님의 부활은 영원한 기쁨을 줍니다.

오늘의 믿음구호 외치기 _ "부활의 기쁨으로 승리합시다!

★ 본문말씀_고린도전서 15:22

"아담 안에서 모든 사람이 죽은 것같이 그리스도 안에서 모든 사람이 삶을 얻으리라"(22절).

★ 함께 부르는 찬송 _ 찬송가 289장 1절

1. 주 예수 내 맘에 들어와 계신 후 변하여 새 사람 되고 내가 늘 바라던 참 빛을 찾음도 주 예수 내 맘에 오심 주 예수 내 맘에 오심 주 예수 내 맘에 오심 물밀듯 내 맘에 기쁨이 넘침은 주 예수 내 맘에 오심

생각으로의 초대

한 부인이 시카고의 한적한 거리를 걷고 있었습니다. 그때 어떤 집의 열린 창문으로 십자가에 달리신 그리스도 그림이 보였습니다. 부인은 그림을 보는 순간 온몸에 전율이 느껴졌습니다. 문득 옆에 누군가 있는 것을 느껴 돌아보니 한 소년이 정신없이 그림을 바라보고 있었습니다. 부인은 소년에게 물었습니다. “애야, 지금 네가 보고 있는 그림이 무엇인지 아니?”, “그럼요, 할머니는 모르고 계십니까?” 그러고는 그림에 대해 설명해 주었습니다. “저기 십자가에 못 박히신 분은 예수님입니다. 그 옆에 있는 사람은 로마 군인이고, 울고 있는 저 여인은 예수님의 어머니입니다.” 설명을 들은 후 부인은 조용히 발길을 돌렸다. 얼마만큼을 갔을 때 소년이 숨을 헐떡이며 따라와서는 말했다. “할머니, 제가 가장 중요한 사실을 말씀드리지 않았어요. 그 그림의 예수님은 부활하셨다는 것을 말해야 하는데 잊어버렸어요. 그래서 그 사실을 알려 주려고 이렇게 달려왔어요.” 소년은 부활의 기쁜 소식을 전하고자 다시 부인에게 뛰어왔던 것입니다.

말씀으로의 초대

부활의 기쁨은 다시 사는 기쁨입니다.

“그리스도께서 죽은 자 가운데서 다시 살아나셨다 전파되었거늘 너희 중에서 어떤 사람들은 어찌하여 죽은 자 가운데서 부활이 없다 하느냐 만일 죽은 자의 부활이 없으면 그리스도도 다시 살아나지 못하셨으리라……그러나 이제 그리스도께서 죽은 자 가운데서 다시 살아나사 잠자는 자들의 첫 열매가 되셨도다 사망이 한 사람으로 말미암았으니 죽은 자의 부활도 한 사람으로 말미암는도다……그리스도 안에서 모든 사람이 삶을 얻으리라”(고전 15:12-13, 20-22).

예수님의 부활은 다시 사는 기쁨을 줍니다. 죽었으나 다시 사는 기쁨입니다. 사람들은 누구나 죽습니다. 하지만 예수를 그리스도로 믿은 사람들은 예수님처럼 다시 살게 되는 것입니다. 죽어서만 다시 사는 것이 아니라 살아서도 다시 사는 기쁨이 그리스도 안에 있는 것입니다. 그래서 사도 바울은 “아담 안에서 모든 사람이 죽은 것같이 그리스도 안에서 모든 사람이 삶을 얻으리라”(22절)고 했습니다. 부활의 기쁨은 그리스도 안에서의 부활입니다. 예수님이 하신 일을 믿음으로 하나님의 자녀가 되고 천국의 백성이 되고 성령의 사람으로 거듭나는 것이 부활인 것입니다. 예수님은 우리가 다시 태어나는 것은 '성령 안에서'라고 말씀하셨습니다. "예수께서 대답하시되 진실로 진실로 네게 이르노니 사람이 물과 성령으로 나지 아니하면 하나님의 나라에 들어갈 수 없느니라 육으로 난 것은 육이요 영으로 난 것은 영이니 내가 네게 거듭나야 하겠다 하는 말을 놀랍게 여기지 말라"(요 3:5-7). 사도 바울은 "그런즉 누구든지 그리스도 안에 있으면 새로운 피조물이라 이전 것은 지나갔으니 보라 새 것이 되었도다"(고후 5:17)라고 했습니다. 부활의 기쁨으로 우리는 새로운 피조물이 되고 새롭게 만들어진 인생입니다. 이제 우리는 하나님의 은혜로 예수 안에서 새 사람이 된 것을 믿고 살아야 부활의 기쁨을 가진 하나님 나라의 백성이 되는 것입니다.

부활의 기쁨은 주와 함께 사는 기쁨입니다.

부활의 기쁨은 주님이 내 안에 사시는 기쁨입니다. 불신자였을 때는 내 힘으로 살았지만 이젠 하나님의 힘으로 사는 것입니다. 내 안에 계시는 하나님의 영이 나를 다스리시고 인도하시기 때문입니다. 예수님은 "보혜사 곧 아버지께서 내 이름으로 보내실 성령 그가 너희에게 모든 것을 가르치고 내가 너희에게 말한 모든 것을 생각나게 하리라"(요 14:26)고 말씀하셨습니다. 내 안에 계신 성령 하나님은 나를 인도하시고 다스리시는 만유의 주이십니다. "……그가 모든 통치와 모든 권세와 능력을 멸하시고 나라를 아버지 하나님께 바칠 때라 그가 모든 원수를 그 발아래에 둘 때까지 반드시 왕 노릇하시리니"(고전 15:24-25). 지금 내 안에 계신 성령 하나님의 인도하심을 받는 신자만이 하나님의 사람입니다. 내 안에 성령 하나님이 역사하시고 인도하시기 위해서 나는 죽어야 합니다. "형제들아 내가 그리스도 예수 우리 주 안에서 가진 바 너희에 대한 나의 자랑을 두고 단언하노니 나는 날마다 죽노라"(고전 15:31). 사도 바울은 이런 사실 앞에서 "내게 능력 주시는 자 안에서 내가 모든 것을 할 수 있느니라"(빌 4:13)고 고백하는 승리의 삶을 살고 있습니다.

내 경험이나 내 감정이나 판단이 아니라 성령 하나님이 하실 수 있도록 모든 것을 그분께 맡기고 의지하는 우리는 부활의 증인이요 승리한 하나님 나라의 백성입니다.

삶으로의 초대

어느 미국 목사님으로부터 온 이메일 서두에 다음과 같은 인사말이 있었습니다. "부활절은 지났습니다. 그러나 부활절은 지나지 않았습니다."(Easter Day is passed, but not the Easter Season or the Easter Life!) 우리는 지금 부활절을 지내고 있으며, 부활의 삶을 살아가야 합니다. 교회가 '부활절'를 정한 이유는 모든 성도들로 하여금 계속하여 부활의 기쁨과 감격을 갖고 살게 하기 위해서입니다. 파도가 계속하여 밀려오듯이, 예수께서 부활하심으로 인하여 생긴 기쁨과 소망과 감격의 파도는 모든 성도들의 삶 속에 계속하여 파도처럼 밀려들어야 합니다. 부활절을 다른 영어표현으로 "계속하여 부활의 기쁨이 파도처럼 밀려드는 기간"(Eastertide)라고 부르기도 하는 이유가 바로 여기에 있습니다. 우리의 기쁨을 달걀에 담아 이웃에게 나누어 봅시다.

〈함께 만드는 계란〉

– 준비물 : 삶은 계란, 부활장식 스티커와 봉투, 색연필 및 사인

– 진행방법 :

① 삶은 달걀에 '축 부활'이라는 메시지를 쓰거나 스티커를 붙여 장식합니다.

② 봉투에 달걀을 넣어 이웃에게 전합니다.

기도로 아뢰기와 주기도

사랑의 하나님, 우리를 죽기까지 사랑하셔서 죽음을 이기시고 부활하신 예수님의 은혜에 감사드립니다. 날마다 부활하신 예수님을 닮아 어디를 가든지 절망하고 낙심하지 않게 하옵소서. 오히려 고난 가운데서 예수님 때문에 기뻐하며, 환난 중에서 하나님의 약속을 기대하며 기뻐하는 삶 되게 하옵소서. 예수 그리스도의 이름으로 기도합니다.

사순절-내 영혼을 아버지 손에 부탁하나이다

주안점 / 참된 신앙은 나의 능력이 아닌 하나님께 절대의존하는 삶입니다.

오늘의 믿음구호 외치기 _ "약한 것을 자랑합시다!"

★ 본문말씀 _ 누가복음 23:46~48

"예수께서 큰 소리로 불러 이르시되 아버지 내 영혼을 아버지 손에 부탁하나이다 하고 이 말씀을 하신 후 숨지시니라"(46절).

★ 함께 부르는 찬송 _ 찬송가 563장 3절

3. 내가 연약할수록 더욱 귀히 여기사 높은 보좌 위에서 낮은 나를 보시네
날 사랑하심 날 사랑하심 날 사랑하심 성경에 쓰였네

생각으로의 초대

'아침에는 네 발로 걷고 점심에는 두 발로 걷다가 저녁에는 세 발로 걷는 짐승은 무엇인가?'라는 유명한 수수께끼가 있습니다. 잘 알다시피 정답은 '인간'입니다. 아기 때 기어다니다가 크면 두 발로 걷고 늙어서는 지팡이를 짚고 걷기 때문입니다. 노년이 될수록 타인을 의존해야 할 일들이 많아집니다. 이러한 연약함은 신앙에 있어서 큰 유익을 줍니다. 신앙의 성숙이란 매일매일 하나님께 더욱 의존적이 되어 가는 것이기 때문입니다. 힘이 빠지고, 기억력도 쇠퇴하기에 그동안 자신의 힘을 의지했던 삶에서 하나님 없이는 살 수 없는 삶임을 절감할 때입니다. 하나님께 절대 의존하는 것은 결코 수치스러운 일이 아닙니다. 하나님께서 이스라엘 백성들의 광야 40년을 통해서 훈련시키고자 했던 것이 바로 그것입니다.

인생을 살아오는 동안 하나님을 얼마나 의지하면서 살아왔다고 생각하십니까? 100점 만점으로 한다면 몇 점 정도 될까요?

말씀으로의 초대

모든 사람이 외면하는 그 순간에도

병을 고치고, 보리떡 다섯 개와 물고기 두 마리로 오천 명을 먹이고, 그 어느 누구에게도 들어보지 못했던 하나님의 말씀을 들을 때 열광하며 따르던 무리들이 등을 돌렸습니다. 설상가상으로 3년 동안 함께 먹고 마시며, 말씀을 함께 나누고 울고 웃었던 제자들도 다 그의 곁을 떠났습니다. 십자가에 달려 철저하게 홀로 된 외로움과 하나님마저 자신의 처지를 외면한 듯 한 상황 속에서 예수님은 여전히 자신의 생명을 하나님께 철저하게 의존하고 있습니다. "아버지, 내 영혼을 아버지 손에 부탁하나이다"

노년이 되면 참 외롭습니다. 그동안 맺어 오던 관계도 점점 좁아집니다. 힘도 빠지고 기억력도 쇠퇴합니다. 중심부에 있던 인생이 주변부로 밀려나는 듯한 쓸쓸한 감정이 밀려옵니다. 모두가 떠나가는 그 자리에 여전히 함께 계시는 한 분이 계십니다. "임마누엘" 영원히 떠나지 않고 함께 하시겠다고 약속하시고, 그 약속을 지키시는 그분! 사순절은 극기 훈련을 통해서 우리의 힘과 능력을 고양시키는 절기가 아닙니다. 오히려 힘을 빼는 훈련을 하는 시기입니다. 절대의존의 삶을 훈련하는 절기입니다. 하나님께서 이스라엘 민족을 40년 동안 광야에서 시키셨던 훈련이 바로 절대의존의 삶입니다.

내 영혼을 아버지 손에 부탁하나이다.

진정한 의미에서의 신앙의 성숙이란 인간은 하나님께 절대의존의 삶을 살 수밖에 없는 연약한 인간임을 깨닫고 인정하는 것입니다. 여기에는 용기가 필요합니다. 하나씩 그동안 내가 의존했던 재물, 권력, 명예, 가치 있다고 생각했던 것을 하나씩 내려놓고, 오직 하나님만을 붙잡는 것이기 때문입니다. 붙잡았던 것을 놓지 않는 한 우리는 하나님을 붙잡을 수 없습니다. 그렇게 할 때 하나님과의 연합의 기쁨이 찾아옵니다. 그분의 거룩함이 내 것이 되고, 그분의 영화로움을 덧입을 수 있습니다.

사순절 기간 무엇을 내려놓아야 할지 정리해 보고 실천해 봅시다.

삶으로의 초대

신앙생활은 조금 어려운 말로 능동적인 수동(受動)을 훈련하는 것입니다. 내가 무엇을 하려고 하기보다 적극적으로 그분을 받아들임으로 내 안에서 그분이 일하시도록 하는 것입니다. 이것이 곧 "내게 능력 주시는 자 안에서 내가 모든 것을 할 수 있다"는 말씀의 의미입니다. 곧 내게 능력 주시는 자가 내 안에서 모든 것을 하신다는 고백입니다. 하나님은 결코 실수가 없으신 분입니다. 그분의 일하심은 언제나 '보시기에 심히 좋았더라'입니다. 삶의 모든 자리에서 우리의 말과 행동이 그분보다 앞서지 않도록 실천합시다.

기도로 아뢰기와 주기도

은혜가 풍성하신 하나님, 지나온 세월 동안 늘 하나님보다 앞서 말하고 행동하다가 좌절과 절망의 시간들을 보냈습니다. 부활하신 후에 '예루살렘을 떠나지 말고 약속하신 성령을 기다리라' 하셨고, 성령께서 오셨을 때 제자들이 성령이 말하게 하심에 따라 말했던 것처럼 우리들도 내 안에서 일하시는 하나님께서 일하실 때까지 기다리게 하시고 성령으로 선포하게 하소서. 예수 그리스도의 이름으로 기도합니다. 아멘.

노년을 위한 교육목회 시리즈

말씀청춘 Ⅰ-1 : 구약 이야기 첫 번째
말씀청춘 Ⅰ-2 : 신약 이야기 첫 번째
말씀청춘 Ⅱ-1 : 구약 이야기 두 번째
말씀청춘 Ⅱ-2 : 신약 이야기 두 번째
말씀청춘 Ⅲ-1 : 구약 이야기 세 번째
말씀청춘 Ⅲ-2 : 신약 이야기 세 번째(근간)